Semantische Entwicklungsprozesse
und kognitive Gestalten

Europäische Hochschulschriften

Publications Universitaires Européennes
European University Studies

Reihe VI

Psychologie

Série VI   Series VI

Psychologie
Psychology

Bd./Vol. 276

PETER LANG
Frankfurt am Main · Bern · New York · Paris

Jürgen Kurtz

Semantische Entwicklungsprozesse und kognitive Gestalten

Eine empirische Studie zur Bedeutungsentwicklung und mentalen Repräsentation von Farbwörtern bei Kindern im Alter von 4 – 6 Jahren

PETER LANG

Frankfurt am Main · Bern · New York · Paris

CIP-Titelaufnahme der Deutschen Bibliothek

Kurtz, Jürgen:

Semantische Entwicklungsprozesse und kognitive Gestalten :
eine empirische Studie zur Bedeutungsentwicklung und
mentalen Repräsentation von Farbwörtern bei Kindern im Alter
von 4 - 6 Jahren / Jürgen Kurtz. - Frankfurt am Main ; Bern ;
New York ; Paris : Lang, 1989
      (Europäische Hochschulschriften : Reihe 6, Psychologie ;
      Bd. 276)
      Zugl.: Dortmund, Univ., Diss., 1988
      ISBN 3-631-41764-0

NE: Europäische Hochschulschriften / 06

D 290
ISSN 0531-7347
ISBN 3-631-41764-0
© Verlag Peter Lang GmbH, Frankfurt am Main 1989
Alle Rechte vorbehalten.

Printed in Germany

Ich möchte an dieser Stelle den Herren Prof. Dr. K.Bräuer
(Fachbereich Gesellschaftswissenschaften, Philosophie und
Theologie der Universität Dortmund) und Prof. Dr. W.Elmer
(Fachbereich Sprach- und Literaturwissenschaften, Journa-
listik und Geschichte der Universität Dortmund) herzlich
dafür danken, daß sie mir den Freiraum und die notwendige
Unterstützung gaben, eine interdisziplinäre Thematik über
die etablierten Grenzen akademischer Forschung hinaus zu
bearbeiten.

Bedanken möchte ich mich hier gleichzeitig auch bei Herrn
Prof. Dr. H.Metz-Göckel (Fachbereich Gesellschaftswissenschaften, Philosophie und Theologie der Universität Dortmund) für die intensive (und geduldige) Unterstützung bei
der statistischen Auswertung, die am HRZ Dortmund mit dem
SPSS Programmpaket (Version 9.1) (NIE et al, 1975) vorge-
nommen wurde.

Die verschiedenen Experimente wurden in den evangelischen
Kindergärten 'Petri' und 'Matthäus' (zum ev. Kirchenkreis
Dortmund-Mitte gehörend) durchgeführt. Zu danken habe ich
nicht nur den (dort beschäftigten) Erzieherinnen, sondern
vor allem auch den Kindern, die mit außerordentlichem En-
thusiasmus an den Versuchen teilnahmen.

Schließlich bedanke ich mich bei Herrn Prof. Dr. W.Klein
vom Max Planck-Institut für Psycholinguistik in Nijmegen,
in dessen Gutachten eine finanzielle Unterstützung dieser
Arbeit befürwortet wurde.

Die vorliegende Arbeit wurde durch ein Promotionsstipen-
dium (nach dem Graduiertenförderungsgesetz des Landes NW)
finanziell unterstützt bzw. ermöglicht.

"Das Bewußtsein spiegelt sich im Wort wie die Sonne in einem Wassertropfen. Das Wort verhält sich zum Bewußtsein wie die kleine Welt zu der großen, wie die lebende Zelle zum Organismus, wie das Atom zum Kosmos. Das sinnvolle Wort ist der Mikrokosmos des Bewußtseins." (L.S. WYGOTZKI, 1934/86,359)

INHALTSVERZEICHNIS

V E R Z E I C H N I S   D E R   A B B I L D U N G E N

Abb.

0. Einleitung

Die gegenwärtige psycholinguistische Forschung kann im speziellen
Bereich der Begriffs- und Wortbedeutungsentwicklung auf eine etwa
einhundertjährige Tradition zurückblicken. Es ist daher wohl kaum
erstaunlich, daß sich zu diesem Thema fruchtbare Beiträge aus den
verschiedensten Wissenschaftsdisziplinen vorfinden, nicht nur aus
der Psychologie und Linguistik, sondern (vorwiegend) auch aus der
Philosophie, Anthropologie und Psychiatrie. Weitaus erstaunlicher
ist dagegen, daß man erst seit etwa zehn Jahren dazu übergegangen
ist, die bisher weitgehend ungelösten Zusammenhänge des Sprechens
und Denkens interdisziplinär zu erforschen. Dabei liegt gerade in
der interdisziplinären Kooperation aller genannten Wissenschaften
eine Chance, zu einem besseren Verständnis der geistigen Entwicklung des Kindes zu gelangen.

Die vorliegende Arbeit versteht sich allgemein als ein Beitrag in
diese Richtung. Sie beschäftigt sich (aus Gründen der empirischen
und theoretischen Praktikabilität) mit einem konkreten Ausschnitt
der kindlichen Begriffs- bzw. Wortbedeutungsentwicklung, i.e. mit
dem Problem der Bedeutungsentwicklung und mentalen Repräsentation
von Farbwörtern. Dieser Problematik ist im deutschsprachigen Raum
bisher nur sehr wenig Beachtung geschenkt worden, wobei man nicht
selten die Begründung vorfindet, daß sich aus der Erforschung der
Farbbedeutungsentwicklung nur bedingt allgemeine Konsequenzen für
die geistige Entwicklung des Kindes ergeben. So hebt AEBLI (1985)
im Rahmen seiner Einführung in die bisher umfassendste Abhandlung
zur (gegenwärtigen) Forschungssituation im Bereich der kindlichen
Wortbedeutungsentwicklung (SEILER & WANNENMACHER, 1985,v) hervor:

"Wer an Begriffe wie ROT, GRÜN, SCHWER oder LEICHT denkt, wird
nicht einsehen, was das Studium ihrer Entwicklung bringen könnte. Aber um solche Begriffe geht es in diesem Buch auch nicht.
Es geht um Begriffe wie GEBEN und NEHMEN, TAUSCHEN, KAUFEN und
VERKAUFEN, um Bedeutungen von Wörtern wie 'Denken','Traum' oder
'Zeuge sein'. Wir erkennen: Begriffe dieser Art sind Elemente
des kindlichen Weltbildes und es sind zugleich Instrumente, mit
denen es Vorgänge in seiner Welt deutet und versteht."

Diesen Bemerkungen ist zu entnehmen, daß farbspezifische Begriffe
nicht zu den 'Elementen des kindlichen Weltbildes' gehören. Damit
stellt sich nun allerdings die Frage, wie sich das heranwachsende
Kind in einer Welt zurechtfindet, in der unzählige Farben präsent
sind, in der Objekte häufig anhand ihrer charakteristischen Farbe
identifiziert bzw. klassifiziert werden und in der Farbwörter als
fundamentale Bestandteile des Wortschatzes (natürlicher Sprachen)
anzusehen sind. Offenbar nimmt Farbe als Bewußtseinsqualität doch
wohl eine weitaus wichtigere Stellung im Leben des Kindes ein als
AEBLI (1985) hier herausstellt. Die folgenden vier Kapitel sollen
dieser Problematik systematisch nachgehen.

Kapitel 1 befaßt sich (zunächst vollkommen unabhängig vom Problem der Bedeutungsentwicklung des Farblexikons) mit dem fundamentalen Paradigmenwandel im Bereich der Erforschung bzw. Beschreibung von Wortbedeutungen seit den frühen sechziger Jahren und stellt zudem die wesentlichsten aus dieser wissenschaftsgeschichtlichen Epoche hervorgegangenen Modelle der kindlichen Wortbedeutungsentwicklung vor. Dabei stehen die 'Semantic Feature Hypothesis' (CLARK, 1973) und neuere Prototypenmodelle (ANGLIN, 1977; MERVIS & ROSCH, 1981; KUZCAJ & GREENBERG, 1982; etc.) konkret im Vordergrund. Ausgehend von diesen rivalisierenden Modellen der Kognitionspsychologie und der Systemlinguistik soll dann die gegenwärtige wissenschaftliche Situation dargestellt bzw. auf mögliche zukünftige Trends wie die interdisziplinäre Kooperation im Rahmen einer 'Cognitive Science' verwiesen werden.

In Kapitel 2 erfolgt eine Einführung in die spezielle Problematik der Bedeutungsentwicklung von Farbwörtern. Anhand der wichtigsten empirischen Untersuchungen auf diesem Gebiet wird der langwierige Prozeß der Kopplung von Farbwort und Farbkategorie rekonstruiert und in den Kontext der gesamten kognitiven Entwicklung des Kindes eingeordnet. Anschließend werden die fundamentalen Ergebnisse zur Phylogenese des Farbvokabulars (BERLIN & KAY, 1969), zur Struktur und Entwicklung von Farbkategorien (MERVIS, CATLIN & ROSCH, 1975) und zur Neurophysiologie (bzw. Psychophysik) der farbspezifischen Reizverarbeitung (KAY & McDANIEL, 1978) dargelegt und aufeinander bezogen. Auf diese Weise soll gezeigt werden, daß einerseits zwar eine Reihe von (empirischen) Befunden die psychologische Realität prototypischer Farbbedeutungen bestätigen, andererseits aber eine explikative Theorie der Farbbedeutungsentwicklung nicht vorhanden ist. Dies gilt in besonderem Maße für die schwierige Thematik der Ausdifferenzierung der referentiellen Peripherien bei den elf von BERLIN & KAY (1969) identifizierten Grundfarbwörtern.

Ausgehend von den entwicklungspsychologischen Erklärungsdefiziten im Bereich der farbspezifisch-semantischen Entwicklung des Kindes wird in Kapitel 3 untersucht, ob sich die (einzelnen) empirischen Befunde der Prototypenforschung unter besonderer Berücksichtigung einiger (wenig beachteter) Erkenntnisse der Gestaltpsychologie zu einer 'explikativen' Theorie der kindlichen Bedeutungsentwicklung von Farbwörtern vereinigen lassen. Dabei werden zunächst wiederum ganz allgemein die wesentlichen Ergebnisse der Gestalttheorie zur menschlichen Wahrnehmungsorganisation, zur Struktur von Begriffen und zur Thematik der Wortbedeutung dargestellt (WERTHEIMER, 1912; KÖHLER, 1925; KATZ, 1948; METZGER; 1956; ARNHEIM, 1969). Es folgt ein genereller Überblick über die wichtigsten patholinguistischen und entwicklungspsychologischen Beiträge der gestalttheoretischen Forschung (KOFFKA, 1925; GELB & GOLDSTEIN, 1925; METZGER, 1956). Schließlich soll auf der Basis der gestalttheoretischen Heuristik ein 'explikatives' Erklärungsmodell entwickelt werden, in das die (bisherigen) Ergebnisse der Prototypenforschung integriert werden können.

Kapitel 4 stellt sich die Aufgabe, die theoretischen Annahmen der gestaltpsychologischen Konzeption experimentell zu überprüfen. In zwei aufeinanderfolgenden Experimenten wird die altersspezifische Klassifizierungseffizienz und Benennungskonsistenz von 64 Kindern im Alter von vier bis sechs Jahren und 18 Erwachsenen bei den elf von BERLIN & KAY (1969) identifizierten Grundfarbwörtern getestet und im Hinblick auf eventuelle Unterschiede analysiert. Es werden sowohl Urteile über die Typikalität einer spezifischen Farbe, als auch über die 'maximale Ausdehnung' der referentiellen Grenzzonen (Farbton, Helligkeit und Sättigung) erfaßt, sodaß der Prozess der Ausdifferenzierung von Farbbedeutungen deutlich wird. Schließlich soll der gestalttheoretische Ansatz zur Bedeutungsentwicklung von Farbwörtern dann auf der Basis der einzelnen Ergebnisse beurteilt werden.

1. Wortbedeutung und Wortbedeutungsentwicklung:
Vom sprachphilosophischen Grundproblem zur Cognitive Science

> *"Language is complicated. Any instrument adaptable to an unforeseeable variety of social, personal and intellectual demands has to be complicated - the more complicated the better. As users of language we can feel only gratitude for the potentially infinite diversity of linguistic expression. As students of language, however, this complexity can inspire more frustration than gratitude; it is a major obstacle for those who seek a self-conscious understanding of what language is and how it works. One wonders whether anything so variable and intricate could ever be tamed by scientific theories."*
> (GEORGE A MILLER & PHILIP N JOHNSON-LAIRD, 1976,690)

In vielen Forschungsgebieten gibt es Erkenntnisse, die sozusagen wiederentdeckt werden, nachdem sie jahrzehntelang nicht beachtet wurden. Innerhalb der Sprachentwicklungspsychologie (developmental psycholinguistics) wird dies besonders deutlich.

Die moderne Sprachentwicklungspsychologie wurde Anfang der sechziger Jahre in Anlehnung an CHOMSKYs Entwurf einer generativen Transformationsgrammatik (TG) (1965) und der damit verbundenen Theorie des Spracherwerbs überwiegend im anglo-amerikanischen Sprachraum entwickelt. Ausgehend von CHOMSKYs paradigmatischer Unterscheidung zwischen linguistischer Kompetenz und Performanz übernahm die amerikanische Spracherwerbsforschung die Grundzüge der generativen TG als Formalismus der sich entwickelnden syntaktischen Kompetenz des Kindes, und versuchte die 'entwicklungspsychologische Realität' dieses systemlinguistischen Konstruktes nachzuweisen. Diese Forschungsbemühungen gipfelten in der Formulierung der Pivot-Grammatik (vgl.: BRAINE, 1963; McNEILL, 1966), sowie der Anwendung der Theorie der Ableitungskomplexität (derivational theory of complexity) auf den Bereich der Sprachentwicklung (vgl.: BROWN & HANLON, 1970).

Anfang der siebziger Jahre stießen diese syntaxzentrierten Ansätze jedoch zunehmend auf Kritik. Da sämtliche Versuche gescheitert waren, den Erwerb syntaktischer Kompetenz ausschließlich mit den abstrakten Gesetzmäßigkeiten einer generativen TG zu erklären, wandte man sich nun auch dem situativen Kontext zu, in den eine Äußerung eingebettet ist (rich interpretation). Dabei versuchte man in Anlehnung an PIAGETs Entwicklungstheorie (1945/69) die Entstehung der ersten syntaktischen Strukturen aus der vorhergehenden sensomotorischen Entwicklung abzuleiten, und so eine Kontinuität zwischen vorsprachlicher und sprachlicher Entwicklung herzustellen (vgl.: BLOOM, 1970; SCHLESINGER, 1971; BROWN, 1973; SLOBIN, 1973; EDWARDS, 1974).

In den richtungsweisenden Arbeiten von BLOOM (1970), SCHLESINGER (1971) und SINCLAIR (1971) wurden syntaktische Oberflächenstrukturen nicht auf eine bestimmte Subgrammatik, wie zum Beispiel die Pivot-Grammatik zurückgeführt, sondern mit Hilfe von relationalen Kategorien erklärt (Handlungsträger, Handlungsobjekt, etc.), die mit den von PIAGET (1970) beschriebenen sensomotorischen Schemata vergleichbar sind. Damit wurde die Sprachentwicklung über den Bedeutungsaspekt an die Entwicklung allgemeiner Denkstrukturen gebunden. Im Rahmen dieser theoretischen Neuorientierung übernahmen viele Folgestudien den Formalismus der Kasus-Grammatik (FILLMORE, 1966), um Korrespondenzen zwischen den sensomotorischen Errungenschaften des Kindes (Objektpermanenz, Zeit, Kausalität, etc.) und den entsprechenden sprachlichen Kategorien zu erfassen. In der neueren Diskussion wird dieser Erklärungsansatz von BRAINE (1982) und BATES & MacWHINNEY (1982) vertreten.

Mit dem Einbezug des Bedeutungsaspekts der Sprache und der damit verbundenen Integration der Sprache in den Kontext der kognitiven Entwicklung des Menschen öffnete sich die amerikanische Spracherwerbsforschung, die bis dahin fast ausschließlich auf den Erwerb syntaktischer Strukturen fixiert war, nun auch für das komplexe Thema der kindlichen Wortbedeutungsentwicklung (CLARK, 1973,110): "One of the most basic steps the child has to take in acquiring his first language is to attach meaning to words, and therefore semantics is central to the study of language development."

Dieser Teilbereich der Sprachentwicklung war lange nicht beachtet worden, da er nicht im Sinne eines Regelsystems beschrieben werden konnte (vgl.: FILLMORE, 1976). Damit griff die amerikanische Spracherwerbsforschung Anfang der siebziger Jahre ein Thema auf, das in Europa seit den Anfängen der experimentellen Psychologie große Beachtung gefunden hatte (PREYER, 1882; AMENT, 1899; STERN & STERN, 1907; BÜHLER, 1934). Statt jedoch auf die Erkenntnisse dieser wissenschaftlichen Epoche zurückzugreifen, orientierte man sich zunächst ausschließlich an der Systemlinguistik. Die wesentlichen Gründe für diese einseitige Ausrichtung liegen in der Wissenschaftsgeschichte der amerikanischen Psychologie. Hier hatte der Behaviorismus seit etwa 1920 einen Siegeszug angetreten, in dessen Euphorie andere psychologische Konzeptionen nahezu in Vergessenheit geraten waren. Auch die Thematik der Wortbedeutungsentwicklung des Kindes blieb von diesen Einflüssen nicht unberührt. Den Erwerb von Wortbedeutungen stellte man allgemein als mechanistischen Lernprozeß dar, in dem assoziative Verknüpfungen zwischen wahrgenommenen Objekten und den entsprechenden, in zeitlicher Nähe auftretenden Lautkomplexen hergestellt werden. Der behavioristische Ansatz, der die Wortbedeutungsentwicklung auf eine rein quantitative Variable assoziativer Verknüpfungen reduziert, stieß jedoch bald auf Kritik. Gegen Ende der sechziger Jahre zeigte sich, daß der Behaviorismus einer wissenschaftlichen Beschäftigung mit den mentalen Phänomenen bzw. Prozessen der Sprachentwicklung grundsätzlich entgegenstand, da sich diese Phänomene nicht auf eine mechanistische Reiz-Reaktionsformel bringen lassen (vornehmlich ausgelöst durch CHOMSKYs Rezension (1959) von "Verbal Learning" (SKINNER, 1957) (vgl. auch: HÖRMANN, 1981).

In dieser Situation schien die semantische Merkmalstheorie von KATZ & FODOR (1963; KATZ, 1967,1972) eine Alternative zu bieten, die sowohl mit der kognitiven Wende innerhalb der amerikanischen Psychologie vereinbar war, als auch der systemlinguistischen Vorstellung einer umfassenden Grammatiktheorie entsprach, da sie als 'integrativ-semantische Komponente' in eine generative TG eingebracht werden konnte (vgl. auch: WANNER & GLEITMAN, 1982):
"We use the term semantic marker to refer to the semantic representation of one or another of the concepts that appear as part of the senses. Semantic markers represent the conceptual constituents of senses in the same way in which phrase markers represent the syntactic constituents of sentences." (KATZ, 1972,37)

Ausgehend von KATZ & FODORs Semantiktheorie übernahm die amerikanische Spracherwerbsforschung das Paradigma der 'Wortbedeutung als system-immanente Kombination von semantischen Grundbausteinen' (semantic markers, semantic components, semantic primitives) und bemühte sich dieses systemlinguistische Konstrukt in eine umfassende Entwicklungstheorie zu überführen. Diese Bemühungen kulminierten in der Formulierung der semantischen Merkmalshypothese (semantic feature hypothesis) (CLARK, 1973), einem ersten Versuch die Entstehung von Wortbedeutungen aus der Wahrnehmung des Kindes abzuleiten. Dabei wurde die steigende Komplexität der kindlichen Wortbedeutungen als Summation von Bedeutungskomponenten aufgefaßt und auf perzeptuelle Differenzierungsprozesse zurückgeführt:
"The child therefore begins by using a single general feature, such as shape or contour, and considers that to be the meaning of the term. As he becomes compelled to differentiate more meanings, he can no longer use a single perceptual feature: He must begin to use more than one and eventually will encode the information from a bundle or combination of features ... and use this in attaching meaning to lexical items." (E.CLARK, 1973,104)

Im Laufe der siebziger Jahre wurde jedoch zunehmend deutlich, daß der semantischen Merkmalshypothese als Paradigma einer systemlinguistisch orientierten Theorie der Wortbedeutungsentwicklung eine umfassende erkenntnistheoretische und psychologische Grundlage fehlt (vgl.: MILLER, 1978). So offenbarte diese Theorie im Vergleich mit älteren psychologischen Konzeptionen, die Anfang des Jahrhunderts in Europa entstanden waren und im Zuge der 'kognitiven Wende' wiederentdeckt wurden (PREYER, 1882; CLAPAREDE, 1911; C.STERN & W.STERN, 1907,1909; PIAGET,1923; WYGOTSKI, 1934) einige fundamentale Schwächen, die eine paradigmatische Neuorientierung verlangten. Vor allem die Reduzierung der Wortbedeutungsentwicklung auf eine Abbild-Theorie der Erkenntnis sowie die Darstellung psychischer Prozesse als summenhafte Akkumulation atomarer Grundbausteine konnte vor dem Hintergrund der entstehenden Kognitionspsychologie nicht mehr aufrechterhalten werden. Deswegen distanzierte sich die amerikanische Spracherwerbsforschung von der Systemlinguistik und öffnete sich gleichzeitig der Kognitionspsychologie, die - basierend auf sprachphilosophischen Analysen zur Semantik (OGDEN & RICHARDS, 1923; QUINE, 1951; WITTGENSTEIN, 1953; PUTNAM, 1962; KRIPKE, 1972) - der Komplexität des Themas besser gerecht werden konnte.

Im Rahmen dieser Neuorientierung zeigte sich, daß die Bedeutungsentwicklung des Kindes einen komplexen Informationsverarbeitungs-
vorgang darstellt, in dem verschiedene Entwicklungsprozesse, wie
beispielsweise Laut- und Wahrnehmungsentwicklung, Begriffsbildung
und mentale Repräsentation im Rahmen eines umfassenden kognitiven
Systems interagieren (MILLER & JOHNSON-LAIRD, 1976; HÖRMANN,1981;
MERVIS & ROSCH, 1981). Die Erforschung semantischer Entwicklungsprozesse konnte also nur dann erfolgversprechend fortgeführt werden, wenn die Sprachentwicklungspsychologie im Sinne einer Cognitive Science, i.e. einer Wissenschaft die den Menschen als infor-
mationsverarbeitendes System betrachtet und interdisziplinär vor-
geht, erweitert wurde (vgl: GARNHAM, 1985,115-133). In der amerikanischen und europäischen Spracherwerbsforschung ist dieser Weg
erst mit Beginn der achziger Jahre konsequent verfolgt worden.

1.1. Bedeutung und Referenz:
Die Komplexität der Zeichenkonzeption der Sprache

> *"Don't just stand there chattering to yourself like that,"*
> *Humpty Dumpty said, looking at her for the first time,*
> *"but tell me your name and your business."*
> *"My name is Alice, but - "*
> *"It's a stupid name enough!" Humpty Dumpty inter-*
> *rupted impatiently. "What does it mean?"*
> *"Must a name mean something?" Alice asked doubtfully.*
> *"Of course it must," Humpty Dumpty said with a short laugh:*
> *"My name means the shape I am - a good handsome shape it is,*
> *too. With a name like yours, you might be any shape almost."*
> (LEWIS CARROL, Alice's Adventures in Wonderland, 1965, 171)

Theorien der Wortbedeutungsentwicklung basieren explizit oder im-
plizit auf philosophisch-analytischen Hypothesen über den Bedeu-
tungscharakter des sprachlichen Zeichensystems (vgl: CAREY, 1982)
Aus diesem Grund kann eine kritische Analyse und Bewertung semantischer Entwicklungsmodelle nur dann erfolgen, wenn die ihnen zugrunde liegenden Zeichen- bzw. Bedeutungskonzeptionen berücksichtigt werden. Dabei stehen zwei wesentliche Fragen im Vordergrund:
Was ist unter der Bedeutung eines Wortes zu verstehen? Welche Beziehungen bestehen zwischen dem Wort (als linguistischem Zeichen)
und den damit bezeichneten Dingen der Außenwelt?

Die Komplexität dieser Fragestellungen hat in der philosophischen
Forschung ein breites Spektrum von semantischen Konzeptionen entstehen lassen, die in ganz unterschiedlichem Ausmaß den Werdegang
der Sprachentwicklungspsychologie geprägt haben. Dabei läßt sich
unter den für die Wortbedeutungsentwicklung des Kindes relevanten
Ansätzen eine Leitidee erkennen, die in ihren Grundzügen schon im

aristotelischen Zeichenmodell der Sprache enthalten ist und einen wesentlichen Beitrag zur Begründung der modernen Psycholinguistik geleistet hat: die 'erkenntnistheoretische Trennung' zwischen den sprachlichen Zeichen und den damit bezeichneten Referenzobjekten. Nach ARISTOTELES (vgl.: SCHMIDT,1968,12) sind Wörter mit den Dingen der äußeren Welt nicht im Sinne eines Etiketts verbunden. Sie bezeichnen vielmehr Vorstellungen oder Gedanken, die durch die Dinge hervorgerufen werden. Sprache und Außenwelt existieren also vollkommen unabhängig voneinander und werden erst 'indirekt' über die Vorstellungen und Gedanken zusammengeführt. Diese Integration einer psychologischen Komponente, die sich in der aristotelischen Bedeutungstheorie als Konsequenz einer strikten Trennung zwischen Sprache und Außenwelt ergibt, ist in späteren Modellen wiederholt aufgegriffen und modifiziert worden. So betonen OGDEN & RICHARDS, die bedeutendsten Vertreter dieser triadischen Zeichenkonzeption: "Between a thought and a symbol causal relations hold. When we speak, the symbolism we employ is caused partly by the reference we are making and partly by social and psychological factors ... Between the Thought and the Referent there is also a relation; more or less direct (as when we think about or attend to a coloured surface we see), or indirect (as when we 'think of' or 'refer to' Napoleon), in which case there may be a long chain of sign situations intervening between the act and its referent ... Between the symbol and the referent there is no relevant relation other than the indirect one, which consists in its being used by by someone to stand for a referent." (1923/85,10-11)

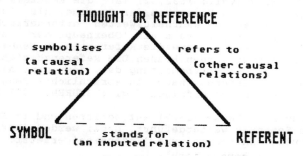

Triadische Zeichenkonzeption (Abb.1)
(nach: OGDEN & RICHARDS, 1923/85, 11)

Obwohl nun die Integration einer psychologischen Komponente einen wesentlichen Beitrag zur Entmystifizierung des Bedeutungsproblems geleistet hat (vgl.: OLSON, 1970,262), kann eine triadische Zeichenkonzeption doch nur als Beschreibung der eigentlichen Problematik aufgefaßt werden. Wesentliche Aspekte der Wortbedeutung (Zeichen, Gedanke und Referenzobjekt) werden zwar berücksichtigt, eine umfassende Differenzierung der Kausalbeziehungen, sowie eine Analyse der Gedankenstruktur bzw. der semantischen Repräsentation bleiben jedoch aus. Die Grundannahmen dieser Zeichentheorie können allerdings als Ausgangspunkt einer psychologischen Konzeption der Semantik angesehen werden.

So vermuten OGDEN & RICHARDS (vgl: 1923/85,10-11), daß Wortbedeutungen über eine (assoziative) 'Kette von Vermittlungsprozessen' (chain of sign-situations) mit der Außenwelt in Beziehung stehen. Wortbedeutungen entsprechen demnach in einer bestimmten Art und Weise der äußeren Welt der Dinge. Damit wird die zentrale Frage nach dem Zusammenhang von Außenwelt, Wahrnehmung, Denken, Sprache und Handeln auf das Problem der Wortbedeutung projiziert. Da Bedeutungswissen das gesamte Wissen des Menschen über die Welt umfaßt, ist eine Theorie der Wortbedeutung (bzw. Wortbedeutungsentwicklung) prinzipiell auch eine Theorie der menschlichen Erkenntnis. Das Zeichenmodell von OGDEN & RICHARDS (1923) stellt in diesem Sinne einen Aufriß einer kognitiven Bedeutungstheorie dar.

Dagegen hat die linguistische Semantik wesentliche Impulse durch FREGEs (analytische) Differenzierung der Wortbedeutung (1892) erhalten. Aus dieser Perspektive sind der Bedeutungs- und Referenzaspekt eines Wortes zu unterscheiden:[1] Die Bedeutung eines Wortes stellt ein theoretisches Konstrukt dar (Idee, Gedanke, etc.), das ausschließlich in Form einer (meta-)sprachlichen Umschreibung erfaßt werden kann. Der Referenzaspekt beschreibt dagegen die vielfältigen Beziehungen zwischen den Wörtern und ihren Referenten in der außersprachlichen Realität. So kann beispielsweise die Bedeutung des Wortes 'Papst' als 'Oberhaupt der katholischen Kirche' dargestellt werden; dieses Wort kann allerdings unterschiedliche Menschen (Johannes Paul, Pius, etc.) bezeichnen. Welche Beziehung besteht nun zwischen der Wortbedeutung und den entsprechenden Referenten? Nach FREGE (vgl.: 1892,32) ist die Kenntnis dieser Beziehung weniger für das Verstehen der Sprache, als für die wissenschaftliche Analyse von Wahrheitswerten erforderlich. Die Bedeutung des Wortes 'Papst' kann als 'Oberhaupt der katholischen Kirche' verstanden werden, ohne die Referenten zu kennen, die mit diesem Wort bezeichnet werden können Die Referenzbeziehung stellt vielmehr eine Folge der Wortbedeutung dar, denn ohne die Kenntnis der Bedeutung eines Zeichens kann ein sprachlicher Bezug auf die Dinge der Außenwelt nicht erfolgen (vgl.: SEUREN, 1977,161).

Diese Grundidee hat CARNAP (1947) aufgegriffen und im Sinne einer intensionalen Semantik weitergeführt. Dabei werden 'Referenz' und 'Bedeutung' durch 'Extension' und 'Intension' ersetzt:

---

[1] FREGE (vgl.: 1892,26-27) nimmt eigentlich eine Differenzierung von 'Sinn' und 'Bedeutung' vor. Er verwendet dabei den Begriff 'Sinn' für das, was in dieser Arbeit 'Bedeutung' genannt wird, und den Begriff 'Bedeutung' für das, was hier mit dem Terminus 'Referenz' bezeichnet wird. - FREGEs Terminologie ist nach dem zweiten Weltkrieg (vor allem) unter dem Einfluß anglo-amerikanischer Untersuchungen modifiziert worden. In Anlehnung an das englische Wort 'reference' wird seither der Begriff 'Referenz' gebraucht, wenn es um das Objekt geht, auf das referiert wird (Referenzobjekt, Referent). FREGEs 'Sinn' wird dementsprechend durch 'Bedeutung' ersetzt. Diese Modifikation ist hier übernommen worden.

"We may distinguish two operations with respect to a given linguistic expression, in particular, a (declarative) sentence and its parts. The first operation is the analysis of the expression with the aim of understanding it, of grasping its meaning ... The second operation consists in investigations concerning the factual situation referred to by the given expression... We can distinguish two sides of factors in the given expression with regard to these two operations. The first factor is the side of the expression which we can establish by the first operation alone, that is, by understanding without using factual knowledge. This is what is usually called the meaning of the expression. In our method it is explicated by the technical concept of intension. The second factor is established by both operations together. Knowing the meaning we can discover by an investigation of facts to which locations, if any, the expression applies in the actual state of the world. This factor is explicated in our method by the technical concept of extension. Thus, for every expression which we can understand, there is the question of meaning and the question of actual application; therefore, the expression has primarily an intension and secondarily an extension."
(CARNAP, 1947/56 zitiert nach LINK, 1976,8)

Sprachliche Ausdrücke (Eigennamen, Prädikate, Sätze) können somit zwei semantischen Dimensionen zugeordnet werden: einer Intension (die Intension eines Eigennamens ist ein Individualbegriff; die Intension eines Prädikats ist ein Attribut; die Intension eines Satzes eine Proposition) und einer Extension (die Extension eines Eigennamens ist der Gegenstand, den er bezeichnet; die Extension eines Prädikats ist eine Klasse; die Extension eines Satzes sein Wahrheitswert). Intension und Extension existieren nach CARNAP (1947) zunächst relativ unabhängig voneinander. So können sprachliche Ausdrücke eine Intension (z.B.: Einhorn), aber keine Extension haben, oder aber unterschiedliche Intensionen (z.B.: Morgenstern und Abendstern) bei gleicher Extension ('Venus') aufweisen. Darüberhinaus besteht allerdings auch eine Wechselbeziehung zwischen Intension und Extension. Als 'Funktion' bestimmter Faktoren legt die Intension eines sprachlichen Ausdrucks seine Extension (in allen möglichen Welten) eindeutig fest. Wenn also die Intension eines Prädikats (ein Attribut) festliegt, dann kann auch für jede 'mögliche' Welt seine Extension (die Klasse der Gegenstände, auf die das Attribut angewendet werden kann) bestimmt werden. In dieser Hinsicht sind Intensionen gegenüber Extensionen primär, da sie als definierende Bedingungen für die Extension eines sprachlichen Ausdrucks vorausgesetzt werden. Mit anderen Worten: Wenn man die Bedeutung eines Wortes kennt, so kann man in allen denkbaren Situationen und beliebigen Umständen bestimmen, welche Dinge mit dem Wort bezeichnet werden können. Diese Charakterisierung von Intension und Extension führt bei CARNAP (1947) zu einem Primat der Bedeutungstheorie (theory of meaning) über eine Theorie der Referenz (theory of reference). Sprachliche Ausdrücke können aus dieser Perspektive ohne Bezug zur äußeren Welt analysiert und formalisiert werden (vgl. auch: v. KUTSCHERA, 1974,115-119; LINK, 1976,7-12; bzw.: WANDSCHNEIDER, 1975,70-75).

Aus dieser Relation von Intension und Extension ergeben sich für KATZ & FODOR (1963; KATZ, 1972) Struktur und Aufgabe einer semantischen Theorie. Bedeutung wird als semantische Komponente einer integrativ-übergeordneten linguistischen Kompetenz aufgefaßt und ausschließlich aus den internen Beziehungen des Lexikons (den semantischen Beziehungen zwischen den Wörtern) abgeleitet. Dagegen bleibt der referentielle Aspekt weitgehend unbeachtet, da er (per definitionem) auf das Bedeutungswissen zurückgeführt werden kann: "Senses, on my account, and I believe on FREGE's, too, are conditions that determine extensions. As I conceive it, the construct 'sense' is introduced not only to say what synonyms have in common and what is referred to by an expression in an opaque context but also to provide part of the explanation of how extensional relations come to hold between linguistic expressions and objects in the world. That is, 'sense' has to do with that part of the relation that is determined by inherent features of the expression as opposed to that part that is determined by aspects of the nonlinguistic context." (KATZ, 1972,240)

Die Reduzierung der Semantik auf eine Theorie der Bedeutung und die damit verbundene Isolierung von Sprache und äußerer Welt läßt sich jedoch vor dem Hintergrund einer Anzahl von philosophischen und psychologischen Untersuchungen nicht weiter aufrechterhalten. (WITTGENSTEIN, 1953,1960; QUINE, 1960; PUTNAM, 1962; BROWN, 1968; OLSON, 1970; KRIPKE, 1972). Dabei bezieht sich die Kritik hauptsächlich auf das Primat der Intension über die Extension. So erscheint es aus ontogenetischer Perspektive unrealistisch, daß die Bedeutung eines Wortes zunächst ohne faktisches Wissen über die äußere Wirklichkeit erworben wird, um dann einen sprachlichen Bezug zu dieser Wirklichkeit herstellen zu können. Kinder erwerben Wortbedeutungen nicht 'sprachimmanent', sondern auf der Grundlage perzeptueller Selektions- und kognitiver Abstraktionsprozesse, in denen bedeutungsrelevante Informationen aus einem bzw. einer Anzahl von möglichen Referenten ermittelt werden (BROWN, 1968,83): "Experiencing the word 'triangle' in conjunction with instances of the triangle category teaches a human being to use the word to name figures of this kind. When he has fully grasped the category he will be able to name new instances, distinguishing them from squares and ellipses and everything else. Presumably this ability to extend the name to new instances derives from a knowledge of the criterial attributes that define triangularity."

Die Intension eines Wortes wird demnach durch Abstraktion aus einer Vielzahl von potentiellen Extensionen gewonnen (vgl. als Kritik: SEILER & WANNENMACHER, 1985,193). Insofern sind Extensionen vorrangig. Damit wird nun auch die einseitige Ableitung einer semantischen Kompetenz aus den 'internen Beziehungen des Lexikons' (ohne Bezug zur äußeren Realität) in Frage gestellt. OLSON (1970) kommt in diesem Zusammenhang zu dem Schluß, daß semantische Entscheidungsprozesse im Bereich der Benennung wahrgenommener Objekte nicht auf der Grundlage sprachspezifisch-semantischer Strukturen zu erklären sind. Semantische Entscheidungen sind stattdessen auf perzeptuelle bzw. kognitive Differenzierungsprozesse zurückzuführen, die eine Analyse des situativen Kontextes ermöglichen:

"Semantic decisions are determined not by the syntactic or semantic markers that are exclusively a part of the linguistic system,
but rather on the basis of the language user's knowledge of the
perceived and intended referent." (OLSON, 1970,261)
Diese Aussagen verdeutlichen, daß eine Theorie der Wortbedeutung
nicht auf intensionale (bedeutungstheoretische) oder extensionale
(referentielle) Aspekte reduziert werden kann (vgl. auch: MILLER
& JOHNSON-LAIRD, 1976,7-10). Da allerdings eine adäquate Synthese
von bedeutungstheoretischen und referentiellen Aspekten (bislang)
noch nicht gelungen ist, muß das Problem der Wortbedeutungen als
weitgehend ungelöst betrachtet werden (vgl.: LUTZEIER, 1985, 105;
GARNHAM, 1985,115; SZAGUN, 1986,147; ALLAN, 1986,214-245). Diese
Unvollkommenheit semantischer Konzeptionen spiegelt sich in einer
Vielfalt von unterschiedlichen Ansätzen zur Entwicklung von Wortbedeutungen wider.

1.2. Lexikonanalyse und Atomisierung der Wortbedeutung:
Der systemlinguistisch orientierte Ansatz
zur Wortbedeutungsentwicklung

> *"A semantic marker is a theoretical term that designates a*
> *class of equivalent concepts or ideas. Consider the idea*
> *each of us thinks of as part of the meaning of the words*
> *'chair', 'stone', 'man', 'building', 'planet', etc., but*
> *not part of the meaning of such words as 'truth',*
> *'togetherness', 'feeling', 'shadow', 'integer','departure'*
> *etc. - the idea that we take to express what is common to*
> *the meaning of the words in the former group and that we*
> *use to conceptually distinguish them from those in the*
> *latter. Roughly, we might characterize what is common to*
> *our individual ideas as the notion of a spatially and*
> *temporally continous material thing. The semantic marker*
> *(Physical Object) is introduced to designate that notion."*
> *(J.J. KATZ, 1972,129-130)*

Die amerikanische Sprachentwicklungspsychologie hat sich dem Phänomen der Wortbedeutungsentwicklung zunächst auf der Basis semantischer Merkmalstheorien genähert. (KATZ & FODOR, 1963; BOLINGER,
1965; WEINREICH, 1966; POSTAL, 1966; BIERWISCH, 1970; KATZ, 1972)
Diese systemlinguistischen Konzeptionen gehen davon aus, daß sich
die Bedeutung eines Wortes in eine finite Anzahl von semantischen
Merkmalen (Bedeutungsmerkmale, Bedeutungskomponenten, semantische
Komponenten, semantische Primitiva, etc) zerlegen läßt. Dabei ergeben sich die einzelnen (kleinsten) Bedeutungsmerkmale aus einer
Mikroanalyse der internen Beziehungen des Lexikons, jenen Gleich-

27

heits-, Kontrast- und Inklusionsbeziehungen also, die bei einem
Vergleich bedeutungsverwandter Wörter deutlich werden. Nach CLARK
& CLARK (1977,416) umfaßt die Methode der Komponentenanalyse, die
eine Übertragung des Prinzips der distinktiven Merkmale der Pho-
nologie auf den Bereich der Semantik darstellt, drei wesentliche
Schritte. Die Anwendung dieser Schritte resultiert in einer Merk-
malsdichotomie [+Merkmal] [-Merkmal], mit der alle bedeutungsver-
wandten Wörter systematisch differenziert werden können:

"(1) Select a domain of words that all seem interrelated
 (2) Form analogies among the words in the domain
 (3) Identify the semantic components on the basis of analogies"

Außerdem lassen sich die komponentialanalytisch gewonnen Merkmale
im Hinblick auf ihren Allgemeinheits- bzw. Spezifitätsgrad unterscheiden. Dabei steigt der Spezifitätsgrad mit zunehmender Ambi-
guität der Wörter an. So besteht beispielsweise die Bedeutung des
Wortes 'Mann' aus den einzelnen Merkmalen [+belebt] [+menschlich]
[+erwachsen] [+männlich], die Bedeutung des Wortes 'Frau' aus den
Merkmalen [+belebt][+menschlich][+erwachsen] und [-männlich]. Die
Bedeutungen der Wörter 'Mann' und 'Frau' sind also bezüglich der
Merkmale [+/-belebt] [+/-menschlich] und [+/-erwachsen] ambig und
werden erst durch das spezifischere Merkmal [+/-männlich] unterschieden. In inklusionsanalytischer Hinsicht folgt aus der Beziehung zwischen allgemeinen und spezifischen Primitiva, daß semantische Merkmalskonfigurationen hierarchisch organisiert sind:

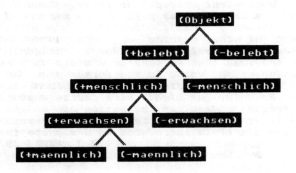

**Inklusion und Hierarchie von
semantischen Primitiva (Abb.2)**

Diese Hierarchie kann über den Wahrheitswert analytischer Urteile
geprüft werden. So wird beispielsweise die Inklusion der Merkmale
[+männlich] und [+erwachsen] durch die (analytische) Aussage 'Ein
Mann ist ein Erwachsener' ausgedrückt. Da diese Aussage wahr ist
(und nicht umgekehrt werden kann), besteht eine hierarchische Beziehung zwischen den Merkmalen [+männlich] und [+erwachsen].

Aus dieser knappen Darstellung einiger Grundannahmen und Methoden der systemlinguistischen Merkmalstheorie geht bereits hervor, daß Wortbedeutungen vollkommen sprachimmanent gehandhabt werden. Semantische Merkmale werden entweder intuitiv, oder aber durch Kommutation aus einer Merkmalsmatrix gewonnen (vgl: LYONS, 1980,332; SZAGUN, 1983,18-19; ALLAN, 1986,316). Damit stellt sich die Frage nach den externen Beziehungen des Lexikons (i.e. den Beziehungen zwischen Wörtern und Objekten in der äußeren Realität). In dieser Hinsicht orientieren sich semantische Merkmalstheorien weitgehend am Paradigma des philosophischen Intensionalismus, d.h. am Primat der Bedeutungstheorie über die Theorie der Referenz. So hebt KATZ (vgl.: 1972,242) hervor, daß die Intension (bzw. Bedeutung) eines Wortes ohne Bezug zur Außenwelt festgelegt werden kann. Intension und Extension stehen allerdings in einer wechselseitigen Relation zueinander: Die Intension (Bedeutung) eines Wortes 'enthält' eine formale Explikation sämtlicher Voraussetzungen, die ein Referenzobjekt aufweisen muß, damit es mit dem betreffenden Wort bezeichnet werden kann. Die Extension umfaßt dagegen sämtliche Referenzobjekte, die der formalen Definition (bzw. Merkmalskonfiguration) entsprechen.

Welche psychologische Realität kommt nun Intensionen (bzw. semantischen Merkmalen) zu, die ausschließlich aus den internen Beziehungen des Lexikons bestimmt werden? - Nach BIERWISCH (1970,181) sind semantische Komponenten nicht als bildhafte Repräsentationen physikalischer Bedingungen zu verstehen, sondern vielmehr als begriffliche Repräsentationen, mit denen reale und fiktive, wahrgenommene und vorgestellte Situationen klassifiziert werden können: "It seems natural to assume that these components represent categories or principles according to which real and fictitious, perceived and imagined situations and objects are structured and classified. The semantic features do not represent, however, external physical properties, but rather the psychological conditions according to which human beings process their physical and social environment. Thus they are not symbols for physical properties and relations outside the human organism, but rather for the internal mechanisms by means of which such phenomena are perceived and conceptualized."

Wortbedeutungen werden also mit Klassenbegriffen verglichen, die das referentielle Spektrum eines Wortes bestimmen. Dabei wird die Struktur dieser Klassenbegriffe als Akkumulation von semantischen Merkmalen aufgefaßt und 'komponentialanalytisch' aus den internen Beziehungen des Lexikons ermittelt. Demnach enthält die Bedeutung eines Wortes (Intension eines Klassenbegriffs) sämtliche Merkmale oder 'Kriterien', die eine Klasse von Referenten (Extension eines Klassenbegriffs) aufweisen muß, damit sie mit dem Wort bezeichnet werden kann. KUCZAJ & GREENBERG (vgl.: 1982,278) sprechen (daher) von einem "criterial feature-list approach" der Wortbedeutung und Begriffsstruktur. Dieser Ansatz kann als Ausgangspunkt für eine Vielzahl von theoretischen und empirischen Studien zur kindlichen Wortbedeutungsentwicklung angesehen werden (DONALDSON & BALFOUR, 1968; DONALDSON & WALES, 1970; WALES & CAMPBELL, 1970; CLARK.H, 1970; CLARK.E, 1973; GENTNER, 1975; CLARK.H & CLARK.E, 1977).

1.2.1. Die semantische Merkmalshypothese
(semantic feature hypthesis, E.CLARK, 1973)

Im Verlaufe des zweiten Lebensjahres erreicht das Kind eine Entwicklungsphase, in der es nach STERN & STERN (vgl.: 1928/75,156)
die größte Entdeckung seines Lebens macht: es entdeckt, daß jedes
Ding einen Namen hat. Auch WYGOTSKY (vgl: 1934/86,88-89) schließt
sich dieser Auffassung an:
"Das Wichtigste, was wir über die Entwicklung von Denken und
Sprechen beim Kind wissen, ist die Tatsache, daß etwa um das
zweite Jahr die Entwicklungslinien des Denkens und Sprechens zu-
sammmenfallen und eine neue, für den Menschen charakteristische
Verhaltensform einleiten." (1934/86,88)

Mit Beginn dieses Entwicklungsstadiums läßt sich eine sprunghafte
Erweiterung des kindlichen Wortschatzes beobachten. Wenn man eine
von CAREY (vgl: 1978,264-265) angeführte Schätzung zugrunde legt,
erlernt das Kind bis zu seinem sechsten Lebensjahr (etwa) 14.000
Wörter. Dies entspricht einer durchschnittlichen Zuwachsrate von
etwa neun Wörtern pro Tag. Unter Berücksichtigung der Komplexität
von Wortbedeutungen (vgl.: 1.1.) stellt diese rasante Erweiterung
des mentalen Lexikons eine nahezu phantastische Leistung dar. Der
Aufbau des kindlichen Wortschatzes erfolgt jedoch nicht etwa nach
dem 'Alles-oder-Nichts-Prinzip'. Die anfänglichen Wortbedeutungen
der Kinder unterscheiden sich zunächst von den entsprechenden Bedeutungen der Erwachsenen und werden erst in einem komplexen bzw.
langwierigen Entwicklungsprozess der Erwachsenensprache angepaßt.
So nehmen Kinder meist auf viele ähnliche Objekte Bezug, und zwar
auch auf solche, die für den Erwachsenen außerhalb der Bedeutung
des betreffenden Wortes liegen. Dieses besondere Verhalten ist in
der Sprachentwicklungspsychologie schon früh dokumentiert und mit
dem Terminus 'Überdehnung' (bzw. Übergeneralisierung) bezeichnet
worden (vgl.: AMENT, 1899; STERN & STERN, 1907; GUILLAUME, 1927;
LEOPOLD, 1939/49).

Das 'Überdehnungsphänomen' nimmt auch innerhalb der semantischen
Merkmalshypothese von EVE CLARK (vgl.: 1973, 69-89) eine zentrale
Stellung ein. Diese Theorie kann als ein erster Versuch angesehen
werden, den Prozess der Bedeutungsentwicklung von Wörtern auf der
Grundlage der linguistischen Bedeutungskonzeption zu erklären. So
geht E.CLARK (1973) von der Grundannahme der Merkmalstheorie aus,
daß Wortbedeutungen aus einer Summe von semantischen Komponenten
bestehen, die im Sinne des 'criterial feature-list approach' die
Basis für referentielle Entscheidungsprozesse darstellen. Demnach
können Objekte in der äußeren Realität nur dann mit einem Wort
bezeichnet werden, wenn sie den im mentalen Lexikon aufgelisteten
Bedeutungskomponenten entsprechen.

Da nun das Überdehnungsverhalten zeigt, daß sich die anfänglichen
Wortbedeutungen der Kinder (mehr oder weniger deutlich) von denen
der Erwachsenen unterscheiden, nimmt CLARK (vgl: 1973,72) an, daß
die im mentalen Lexikon gespeicherten (summativen) Merkmalslisten

zunächst unvollständig sind. Das Kind verbindet mit einem 'neuen' Wort nur einige semantische Merkmale, während der Erwachsene über eine vollständige 'Auflistung' von Bedeutungskomponenten verfügen kann. Referentielle Entscheidungen werden (demnach) zu Beginn der Wortbedeutungsentwicklung auf der Basis unvollständiger Merkmals- listen getroffen ("immature lexical entries", CAREY, 1982, 347).

Hier liegt für CLARK (vgl.: 1973,101) die wesentliche Ursache für das kindliche Überdehnungsverhalten. Da die anfängliche Bedeutung eines Wortes aus nur wenigen Bausteinen besteht, wird dieses Wort auch auf solche Referenten angewendet, die (eigentlich) außerhalb des konventionellen Benennungsspektrums liegen. Wenn das Kind zum Beispiel das Wort 'Hund' erlernt, verbindet es aus der Sichtweise der semantischen Merkmalshypothese zunächst nur ein (bzw. wenige) Bedeutungsmerkmal(e), etwa [+vierbeinig], mit diesem Wort. Somit wird die referentielle Entscheidung des Kindes, ob ein Objekt mit dem Wort 'Hund' bezeichnet werden kann, ausschließlich durch die- se Bedeutungskomponente bestimmt. Es werden folglich auch Pferde, Katzen oder Kühe mit dem Wort 'Hund' benannt, da diese Referenten ebenfalls der Merkmalsinformation [+vierbeinig] entsprechen.

Welche Entwicklungsprozesse sind nun an der Vervollkommnung des kindlichen Wortschatzes beteiligt? Nach CLARK (vgl.: 1973,72-73) werden die zunächst sehr 'allgemeinen' Wortbedeutungen des Kindes durch eine progressive Addition von Bedeutungsmerkmalen zunehmend spezifiziert. Dieser Prozeß der allmählichen Einengung von Wort- bedeutungen korrespondiert mit dem Erwerb solcher Wörter, die den ursprünglichen Überdehnungsbereich belegen. Beispielsweise könnte die Bedeutung des Wortes 'Hund' mit dem Merkmal [+bellend] spezi- fiziert werden, um die Referenten 'Kuh' und 'Hund' zu unterschei- den. Das Referenzobjekt 'Kuh', das ursprünglich dem Überdehnungs- bereich des Wortes 'Hund' entstammt, würde dementsprechend einen autonomen Eintrag im mentalen Lexikon des Kindes erhalten. Dieser Eintrag könnte aus den semantischen Merkmalen [+Hörner], [+Euter] und [+Hufe] bestehen. CAREY (vgl: 1982,347) bezeichnet die seman- tische Merkmalshypothese deshalb auch als "component-by-component acquisition hypothesis".

Hinsichtlich der Herkunft semantischer Komponenten vertritt CLARK (vgl.: 1973,102-103) die Auffassung, daß diese mit 'distinktiven' perzeptuellen Merkmalen zu vergleichen sind, die das Kind im kon- trastiven Vergleich verschiedener Referenten entdeckt. Damit wird eine Beziehung zu E.J.GIBSONs Theorie der Wahrnehmungsentwicklung (1969) hergestellt. GIBSON (1969) geht (allgemein) davon aus, daß im Rahmen der perzeptuellen Entwicklung aus der großen Anzahl von unterschiedlichen Umweltinformationen, die auf den menschlichen Organismus einwirken, distinktive Merkmale und invariante Gesetz- mäßigkeiten extrahiert werden (1969,119):
"It has been argued that what is learned in perceptual learning are distinctive features, invariant relationships, and patterns; that these are available in stimulation; that they must, there- fore, be extracted trom the total stimulus flux."

Die Wahrnehmungsentwicklung des Kindes wird von GIBSON (1969) als ein aktiver Differenzierungsprozess aufgefaßt. Dabei erfolgt über umfassende Filterungs-, Selektions- und Abstraktionsprozesse eine sukzessive Strukturierung und Ordnung des Informationspotentials. Zunächst sind die differenzierenden Fähigkeiten des Kindes (noch) stark begrenzt. Es richtet seine Aufmerksamkeit auf herausragende Stimuli, wie beispielsweise Kanten, Punkte oder bewegliche Teile. Durch den 'kontrastiven Vergleich' verschiedener Objekte wird die perzeptuelle Differenzierungskapazität jedoch schnell verbessert. Es entstehen Bündel von distinktiven perzeptuellen Merkmalen, die später zu höheren kognitiven Strukturen verarbeitet werden. Diese abstrakten Strukturinformationen werden in Form von Gedächtnisrepräsentationen gespeichert und zur Identifizierung bzw. Klassifizierung 'aktueller Stimuli' herangezogen:

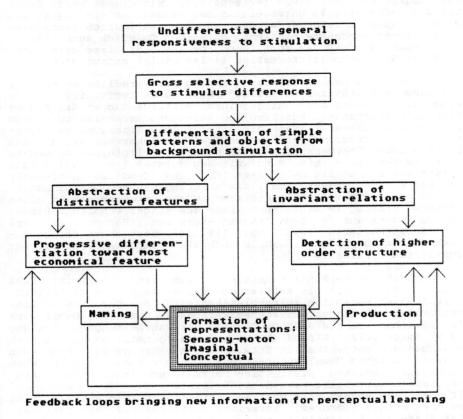

Feedback loops bringing new information for perceptual learning

(GIBSON, 1969,161) (Abb.3)

Nach GIBSON (1969) folgt dem komplexen Prozess der perzeptuellen Differenzierung die (langwierige) verbale Enkodierung (1969,155): "It seems obvious to me that the perception of objects and their features is prior in the developmental process to learning names for them. In the case of representation the verbal label follows, normally, the differentiation of objects and their attributes."

Dabei werden Wörter jedoch nicht unmittelbar mit den distinktiven Merkmalen der betroffenen Objekte verbunden, sondern an bestimmte kognitive Repräsentationen gekoppelt. Diese nehmen zunächst die Form von sensomotorischen Schemata an und werden mit ansteigender Differenzierungsfähigkeit in abstrakte (begriffliche) Strukturen umgewandelt (vgl.: Abb. 3). Wortbedeutungen sind demnach zunächst als einfache Repräsentationen distinktiver Merkmale zu verstehen, die im Rahmen der Wahrnehmungs- bzw. Wortbedeutungsentwicklung zu komplexen Begriffsstrukturen verarbeitet werden. Diese Konzeption wird von CLARK (1973) als 'psychologische Basis' der semantischen Merkmalshypothese angesehen:

"This account of the development of perception going from attention to individual features to attention to configurations or structured relations between features is remarkably similar to what appears to go on in the use of early semantic features that are attached to words. It is possible that the use of perceptual features that are then interpreted as the meaning of a word thus follows a developmental pattern for perception. To begin with, only single features are interpreted and put down as the meaning for a word, but later on, configurations of perceptual features are used as a structured whole to code (some of) the word's meaning." (CLARK, 1973,103)

1.2.2. Bemerkungen

E.CLARK (1973) erweitert die systemlinguistische Merkmalskonzeption der Wortbedeutung (criterial feature-list approach) zu einer psycholinguistischen Komponententheorie der Wortbedeutungsentwicklung (component-by-component acquisition hypothesis). Semantische Entwicklungsprozesse werden als progressive Addition atomarer Bedeutungseinheiten interpretiert und an die Kodierung perzeptueller Attribute der Referenzobjekte gebunden. Dabei steigt die Spezifität der Bedeutungsatome mit zunehmender perzeptueller Differenzierung an, sodaß der Entwicklungsverlauf semantischer Wortbildungsprozesse im Sinne einer von den allgemeinsten Merkmalen ausgehenden "top-down Strategie" aufgefaßt werden kann (vgl.: HILLERT, 1987,29). Diese Auffassung stimmt augenscheinlich mit dem zu Beginn der Wortbedeutungsentwicklung beobachtbaren Überdehnungsverhalten überein. So verbindet das Kind häufig ein breiteres referentielles Spektrum mit einem Wort als der Erwachsene.

Die anfängliche Überdehnung der Wortbedeutungen stellt jedoch nur einen Teilaspekt der Phänomenologie der frühen Kindersprache dar. So kann (bisweilen) auch beobachtet werden, daß Kinder nur wenige der potentiellen Referenzobjekte mit einem Wort bezeichnen (etwa: nur Dackel und Pudel werden mit dem Wort 'Hund' bezeichnet, nicht aber Terrier und Doggen). Diese Einengung der Wortbedeutungen ist in der amerikanischen und europäischen Spracherwerbsforschung mit dem Terminus 'Überdiskrimination' gekennzeichnet worden (ANGLIN, 1977; CAREY, 1977; NELSON, 1978; DeVILLIERS & DeVILLIERS, 1978). Das Phänomen der Überdiskrimination legt nun den Schluß nahe, daß die Wortbedeutungsentwicklung des Kindes nicht von allgemeinsten Merkmalen ausgeht. Wenn das Kind zum Beispiel Terrier und Doggen als Referenten des Wortes 'Hund' ausklammert, dann kann diese semantische Entscheidung nicht auf die (allgemeineren) Komponenten [+vierbeinig] und [+bellend] zurückgeführt werden. Die explanatorische Adäquatheit der semantischen Merkmalshypothese muß demnach relativiert werden.[1]

Bezüglich der Herkunft semantischer Merkmale geht CLARK (1973) in Anlehnung an GIBSON (1969) davon aus, daß Bedeutungskomponenten aus einer (graduellen) Abstraktion von distinktiven perzeptuellen Merkmalen entstehen. Allerdings unterscheiden sich die jeweiligen Auffassungen darüber, was unter einem 'distinktiven perzeptuellen Merkmal' zu verstehen ist. So hebt CLARK (1973,102-103) hervor: "GIBSON (1969) points out that the young infant at first singles out individual areas (single features) for attention when looking at objects: he focuses on high contrast edges, vertices, spots and moving parts. This initial attention to single features then develops into what GIBSON (1969) calls 'bundles of features'."

Nach GIBSON (1969,345) bedarf es jedoch zur Ausbildung distinktiver Merkmale eines längeren Entwicklungsprozesses: "The indication is, however, that individual areas are singled out for attention, such as high contrast edges, vertices, spots and moving parts. These early attention getters should not, in my opinion, be considered distinctive features. They are comparable to the display features that facilitate imprinting in young birds, as has often been suggested."

---

[1] DeVILLIERS & DeVILLIERS (vgl: 1978,130-133) vermuten in diesem Zusammenhang, daß Wortbedeutungen zunächst auf einem mittleren Allgemeinheitsniveau erworben und dann in zwei (verschiedenen) Richtungen (allgemein und spezifisch) ausdifferenziert werden. Dieser Entwicklungsverlauf wird wesentlich durch den Einfluß der Erwachsenensprache bestimmt:
"Parents name objects at the level of behavioral equivalence for their children. A two-year-old has no need to make distinctions between different coin denominations until much later. He only need know that they are all money, that class of objects that are regarded as having some value for adults can be exchanged for other goods, but must not be eaten or thrown away." (1978,131)

Zudem betont CLARK (1973), daß perzeptuelle Informationen im Rahmen der Wortbedeutungsentwicklung direkt in semantische Merkmale übersetzt werden (vgl. auch: CLARK, 1977):
"The child therefore begins by using a single general feature, such as shape or contour and considers that to be the meaning of the term." (1973,104) "As soon as he [the child] has attached some features of meaning to it [the word], it simply has that meaning for him." (1973,72) (Eigene Erg. in eckigen Klammern)

Damit wird die Problematik semantischer Entwicklungsprozesse jedoch auf eine 'Abbildtheorie' der Erkenntnis reduziert. Die Auffassung, daß perzeptuelle Informationen direkt in semantische Strukturen übergehen, ist eine Form von naivem Empirismus. Erkenntnis wird als Abbild der äußeren Welt der Dinge dargestellt, eine kognitive Organisationsebene wird nicht berücksichtigt. Daher kann die Entwicklung von Wörtern, die anderes als wahrnehmbare Objekte bezeichnen, nicht erklärt werden (vgl: NELSON, 1974, 272; SZAGUN, 1983,23; SEILER & WANNENMACHER, 1985,7).

In dieser Hinsicht unterscheidet sich die semantische Merkmalshypothese sowohl von GIBSONs Theorie der Wahrnehmungsentwicklung, als auch von der merkmaltheoretischen Konzeption der Systemlinguistik. Nach GIBSON (vgl.: 1969,153,161,466) werden im Verlaufe der perzeptuellen Entwicklung aus der Vielfalt von Informationen, die auf den Menschen einwirken, invariante Gesetzmäßigkeiten und distinktive Merkmale abstrahiert und zu begrifflichen Strukturen (concepts) verarbeitet. Wörter sind aus dieser Perspektive als sprachliche Zeichen zu verstehen, die mit begrifflichen Strukturen verbunden sind. Diese Auffassung wird auch von den Vertretern der systemlinguistischen Merkmalstheorie geteilt (vgl.: 1.2.). So geht der 'criterial feature-list approach' der Wortbedeutung (und Begriffsstruktur) davon aus, daß semantische Merkmale grundsätzlich als Repräsentationen kategorialer Begriffe zu verstehen sind (vgl.: BIERWISCH, 1970; KATZ, 1972). Wortbedeutungen werden also mit Klassenbegriffen verglichen. Dabei wird die Begriffsstruktur als exakt definierbare Merkmalsliste dargestellt, mit der alle potentiellen Referenten identifiziert (bzw. klassifiziert) werden können. Die semantische Merkmalsliste ergibt sich wiederum vollkommen sprachimmanent aus den internen Beziehungen des Lexikons.

Vor dem Hintergrund dieser Problematik stellt sich nun die Frage, ob die semantische Merkmalshypothese durch eine begriffliche Organisationsebene im Sinne der systemlinguistischen Merkmalskonzeption erweitert werden könnte. Im Verlauf der Wortbedeutungsentwicklung würden dann aus den vielfältigen Umweltinformationen definierende Eigenschaften einer Klasse von Objekten extrahiert, zu abstrakten begrifflichen Merkmalsstrukturen verarbeitet und mit einem sprachlichen Zeichen verbunden. MILLER (vgl: 1978,1002) hat jedoch in diesem Zusammenhang darauf hingewiesen, daß eine Theorie der Wortbedeutungsentwicklung, die von definierenden bzw. essentiellen semantischen Komponenten ausgeht, erklären muß, wie das Kind im perzeptuellen Vergleich verschiedener Referenzobjekte definierende von 'zufälligen' Merkmalen unterscheidet. Die damit verbundenen Schwierigkeiten hat ARNHEIM (1969/80) dargestellt:

"Vermutlich gibt es keine zwei Dinge in der Welt, die gar nichts miteinander gemeinsam haben, und die meisten Dinge haben sogar sehr viel gemeinsam. Nehmen wir nun einmal an, daß jede Gemeinsamkeit von Merkmalen uns veranlassen würde, die betreffenden Dinge unter einem Begriff zu vereinigen. Offenbar würde dies zu einer unberechenbar großen Anzahl von Gruppierungen führen. Jedes Ding würde ausdrücklich so vielen Gruppen zugeteilt werden, wie es Merkmale und Merkmalskombinationen hat. Eine Katze, zum Beispiel, würden wir unter die materiellen Körper rechnen, sowie auch unter die Organismen, die Tiere, die Säugetiere, die Raubtiere, usw. Schließlich würden wir sie dann auch der exklusiven Gruppe zuweisen, zu der niemand als nur diese besondre Katze gehört. Zum Überfluß würden wir unsre Katze auch noch zu den schwarzen Dingen, den Haustieren, den Themen für Kunst und Dichtung, den ägyptischen Gottheiten, den Kunden der Fleisch- und Konservenindustrie, den Traumsymbolen, den Sauerstoffverbrauchern usw. rechnen." (1969/80,154)

Eine solche Informationsüberschwemmung kann nur dann verhindert werden, wenn die essentiellen Merkmale einer Klasse von Referenzobjekten von den zufälligen Merkmalen getrennt werden. Dies setzt allerdings voraus, daß der Unterschied zwischen essentiell und zufällig bekannt ist. Es ergibt sich also folgender Zirkelschluß: Um die Bedeutung eines Wortes zu erwerben, muß man die essentiellen Merkmale der potentiellen Referenzobjekte abstrahieren, doch man kann diese Merkmale nur dann zweckmäßig abstrahieren, wenn man schon vorher weiß, was ein essentielles Merkmal ist und somit die Wortbedeutung kennt.

Diese Ausführungen verdeutlichen, daß der semantischen Merkmalshypothese eine umfassende erkenntnistheoretische und psychologische Grundlage fehlt. Wörter sind keine Abbilder der äußeren Realität, sondern mit begrifflichen Strukturen verbunden, die eine Klassifizierung von Referenzobjekten ermöglichen. Es muß allerdings als unwahrscheinlich angesehen werden, daß Wortbedeutungen bzw. semantische Entwicklungsprozesse in Form von essentiellen (definierenden) Merkmalskonfigurationen beschrieben werden können (vgl. auch: PALERMO, 1976; CAREY, 1982).[2] Daraus ergeben sich eine Reihe von komplexen Fragestellungen:

Welche Struktur weisen Begriffe (lexical concepts) auf? Wie entstehen begriffliche Strukturen? Wie verändern sich Wortbedeutungen (bzw. Begriffe) im Verlaufe der kognitiven und sprachlichen Entwicklung des Kindes? Welche Entwicklungsprozesse sind an der Verbindung von Begriff und Lautsymbol beteiligt? Welchen Einfluß übt das Wort auf die Entwicklung begrifflicher Strukturen aus?

---

[2] CAREY (1982) gibt in ihrem 'State of the Art' - Aufsatz einen Überblick über diejenigen Probleme, die zu einer weitgehenden Distanzierung von der systemlinguistischen Merkmalskonzeption geführt haben.

1.3. Wörter – Begriffe – Objekte: Die kognitionspsychologisch orientierten Ansätze zur Wortbedeutungsentwicklung

> *"Ein Wort bezieht sich niemals auf einen einzelnen Gegenstand, sondern auf eine ganze Gruppe oder Klasse von Gegenständen. Infolgedessen bildet jedes Wort eine indirekte Verallgemeinerung; jedes Wort verallgemeinert also bereits. Doch die Verallgemeinerung ist in überaus starkem Maße ein wortgebundener Akt des Gedankens, der die Wirklichkeit völlig anders widerspiegelt als sie in den unmittelbaren Empfindungen und Wahrnehmungen wiedergegeben wird."*
>
> (WYGOTSKY, 1934/86,11)

Ausgehend von OGDEN & RICHARDS' (1923/85) klassischer Zeichenkonzeption vertreten kognitionspsychologisch orientierte Ansätze zur Wortbedeutungsentwicklung die Auffassung, daß semantische Entwicklungsprozesse nur dann erklärbar sind, wenn quasi-phänomenale Konstrukte eingeführt werden, mit denen die (nicht-evidenten) Zusammenhänge von Sprache und Außenwelt erfaßt werden können. In diesem Sinne werden Wortbedeutungen mit Begriffen (concepts) verglichen, die als kognitive Mediatoren zwischen sprachlichem Zeichen und äußerer Realität vermitteln. Dem naiven Empirismus der semantischen Merkmalshypothese wird also ein kritischer Realismus entgegengestellt (vgl.: BISCHOF, 1966,49; THOLEY, 1983,179).

Begriffe (als hypothetische Konstrukte) entstehen aus den Erfahrungen des Menschen mit der Umwelt. Sie sind das Ergebnis einer selektiven Reduktion und abstraktiven Organisation des Informationspotentials und 'beinhalten' schematische Informationen, mit denen Objekte und Vorgänge in der äußeren Realität unabhängig von ihren unterschiedlichen Erscheinungsformen identifiziert und klassifiziert werden können. Aus der Vielfalt von Umweltinformationen heben Begriffe bestimmte Aspekte (Eigenschaften, Merkmale, Attribute, etc.) hervor, setzen diese in Beziehung und vernachlässigen andere. Sie sind daher keine Abbilder von physikalischen und sozialen Gegebenheiten, sondern komprimierte Repräsentationen der äußeren Wirklichkeit, die im Rahmen der kognitiven Entwicklung des Menschen aktiv konstruiert werden. Darüberhinaus stellen Begriffe aber auch "flexible Konstruktionsmodi des in-Beziehung-setzen-Könnens" dar (BULLENS, 1982,431). Sie filtern und strukturieren die gegebenen Umweltinformationen in Abhängigkeit von den situativen Anforderungen und ermöglichen auf diese Weise eine aktiv-schöpferische Generierung neuer Zusammenhänge. Gerade diese fundamentalen Eigenschaften von Begriffen, einerseits informationsärmer und schematischer als das von ihnen Repräsentierte zu sein und andererseits gewissermaßen als steuernde und selektive Ordnungsinstanz in der kognitiven Struktur zu fungieren, machen es überhaupt erst möglich, anpassungsfähig bzw. flexibel auf situative Veränderungen zu reagieren und entsprechend zu handeln. Begriffe sind also nicht nur abstrakte und selektive Repräsenta-

37

tionen von äußeren Gegebenheiten, sondern auch aktiv konstruierte Antizipationen der Realität (vgl.: ARNHEIM, 1969/80,148-149; MILLER & JOHNSON-LAIRD, 1976,279; BULLENS, 1982,429-432).

Aus dieser Skizzierung der grundlegenden semantisch-strukturellen und operativ-prozessualen Charakteristika von Begriffen geht hervor, daß Aufmerksamkeit, Wahrnehmung, Denken, Gedächtnis und letztlich auch Sprache eng miteinander verbunden sind. Begriffe steuern durch ihre Filter- und Selektionswirkung die Aufmerksamkeit des Menschen, unterstützen die Wahrnehmung durch selektive Informationsreduktion und 'antizipative Schemata' (NEISSER, 1979) und ermöglichen gleichzeitig eine effiziente Speicherung der Informationen im semantischen Gedächtnis. Sie bilden in dieser Hinsicht die kognitive Grundlage des menschlichen Wissens und steuern instrumentell dessen Anwendung bei der Aufnahme, Verarbeitung und Speicherung von Informationen. Begriffe sind mit sprachlichen Zeichen ('assoziativ') verbunden.[1] Sprachliche Bedeutung entsteht also durch die Verbindung von Zeichen und Begriff.[2] (vgl: ANGLIN, 1977; CAREY, 1978,1982, PALERMO, 1976; KUCZAJ & GREENBERG, 1982; FURTH, 1983; SCHMIDT & SYDOW, 1981; SEILER & WANNENMACHER, 1985)

---

[1] Der Terminus 'assoziativ' wird hier nicht im behavioristischen Sinne gebraucht. Er soll lediglich auf die sehr enge Beziehung zwischen Erkenntnisstruktur (Begriff) und sprachlichem Zeichen hinweisen. Eine umfassendere (terminologische) Abgrenzung von Wort, Begriff und Bedeutung bietet SEILER (vgl: 1985, 112-130) Jedoch wird auch hier der psychologische Status der Verbindung von Zeichen und Begriff nicht vollends aufgelöst. Was ist zum Beispiel im folgenden Abschnitt mit 'gekoppelt' gemeint?
"Das Subjekt interpretiert die von ihm in Angleichung an gehörte Sprachzeichen geschaffenen oder meist von der Umwelt direkt übernommenen Lautzeichen mit seinen Vorstellungen und Begriffen und koppelt sie mit diesen Zeichen mehr oder weniger dauerhaft. Auf diese Weise beginnt das Subjekt ein neues System von mit Lautzeichen gekoppelten kognitiven Strukturen, eben die Sprache, zu entwickeln, das sich immer mehr verselbständigt und das in vielfältiger Weise auf das rein begriffliche Erkenntnissystem zurückwirkt." (SEILER, 1985,123)

[2] Begriff und Bedeutung sind allerdings nicht gleichzusetzen:
"Sie (Begriffe) sind als solche nicht parallel oder deckungsgleich mit den Bedeutungen, vor allem nicht mit den gesellschaftlich normierten Bedeutungen von Worten, sondern liegen in gewisser Weise quer zu ihnen , überlappen sie. Gerade darin sehe ich den unterschiedlichen erkenntnistheoretischen Status von Begriff und Bedeutung begründet. Während Begriffe primär individueller und subjektiver Natur sind, haben Bedeutungen primär einen gesellschaftlichen und kulturellen Charakter... Individuelles Bedeutungsverständnis .. besteht in jedem Fall im Versuch, die gesellschaftlich gemeinten Erfahrungen und Sachverhalte mit den eigenen begrifflichen Strukturen einzukreisen und anzunähern." (SEILER, 1985,113-114)

Dabei lassen sich nach KUCZAJ & GREENBERG (vgl.: 1982,275), sowie SZAGUN (vgl: 1983,214) inhaltsspezifische (object-class concepts) von relativ allgemeinen, inhaltsarmen Begriffen trennen. So ist beispielsweise der Begriff 'Hund' inhaltspezifischer als der Begriff der Zahl, wie ihn PIAGET & SZEMINSKA (1941/65) verstehen, der aufgrund seiner Komplexität wohl eher ein Begriffssystem darstellt. An dieser Stelle sollen nun ausschließlich inhaltsspezifische Begriffe behandelt werden. Diese vermitteln zwischen den Referenzobjekten in der äußeren Realität und dem sprachlichen Zeichensystem (dem Wortschatz). Sie bilden in dieser Funktion die kognitive Grundlage (die Bedeutung bzw. Intension) des sprachlichen Zeichens und steuern instrumentell dessen Anwendung, beispielsweise bei der Benennung von Objekten. Da Wörter nicht etwa einzelne Objekte, sondern große Klassen oder Gruppen von Objekten bezeichnen, sind inhaltsspezifische Begriffe im wesentlichen als Klassenbegriffe zu verstehen. Solche Klassenbegriffe ermöglichen die Identifizierung von Mitgliedern bzw. Nicht-Mitgliedern einer Begriffskategorie und stellen damit die Basis für eine adäquate bzw. konstante Benennung dar. Dabei können Objekte in der äußeren Realität auf unterschiedlichen Abstraktionsniveaus klassifiziert werden. Diese Abstraktionsniveaus sind durch Klasseninklusion, i.e. durch das Eingeschlossensein einer Unterklasse in eine Oberklasse, miteinander verbunden. MILLER & JOHNSON-LAIRD (vgl.: 1976,240-242) sprechen in diesem Zusammenhang von sogenannten "ISA - links", begrifflichen Verbindungen, die weniger abstrakte Begriffsebenen in nächsthöhere, abstraktere Ebenen integrieren.[3] Beispielsweise könnte ein Hund als 'Dackel', 'Säugetier', 'Tier' oder 'Lebewesen' klassifiziert werden. Diese unterschiedlich abstrakten Ebenen sind durch ISA-links, wie (ISA(Dackel,Hund)) oder (ISA(Hund,Tier)) verbunden. Systeme von Klassenbegriffen bilden also konzeptuelle (begriffliche) Taxonomien (vgl: MERVIS & ROSCH, 1981,92; MEDIN & SMITH, 1984,124; ZIMMER, 1986,149).

[3] Neben der Klasseninklusion nennen MILLER & JOHNSON-LAIRD (vgl: 1976,240-247) auch die 'lokative Inklusion' (IN (x,y)) und die 'Teil-Ganz Inklusion' (PPRT (x,y)):
"The simplest of the three is locative inclusion, illustrated by such sentences 'The woman is in the room', 'The house is in the town', ... which represent spatial inclusion. Events are located in time as well, and locative inclusion can also be temporal: 'The dinner is in the evening', 'The evening is in September', ... That the relation is asymmetrical can be seen by noting that when the arguments are reversed, the resulting sentences are false...
The part-whole hierarchy is illustrated by such sentences as 'The body has a head', 'The head has a face', ... When the arguments are reversed the resulting sentences are false, so the relation is asymmetrical ...
Locative inclusion and part-whole relations are sometimes difficult to distinguish : 'There are five burroughs in New York' and 'New York has five burroughs' are effectively synonymous."

Da Wörter an Begriffe gekoppelt sind, entspricht die Organisation des Wortschatzes der hierarchischen Struktur des begrifflichen Systems. 'Spezifische Wörter' sind in diesem Sinne allgemeineren Wörtern (bzw. Lexemen) untergeordnet. Die Semantik verwendet für diese (Bedeutungs-)Relation den Terminus 'Hyponymie'. So ist das Wort 'Terrier' ein Hyponym des Wortes 'Hund', das Wort 'Hund' ein Hyponym von 'Tier' und das Wort 'Tier' wiederum ein Hyponym des Wortes 'Lebewesen'. Hyponymie ist zudem eine transitive Relation. Wenn nämlich 'Terrier' ein Hyponym von 'Hund' ist und 'Hund' ein Hyponym von 'Tier', so ist auch 'Terrier' ein Hyponym von 'Tier'. Gleichzeitig sind 'Terrier', 'Schäferhund' und 'Dackel' unmittelbare Ko-Hyponyme desselben superordinierten Wortes 'Hund'. Unmittelbare Ko-Hyponyme desselben superordinierten Ausdrucks kontrastieren untereinander (vgl. zu Ausnahmen: LYONS,1980,311-315). Dadurch erhält der Wortschatz eine hierarchische Struktur, die sich formal als Baumdiagramm darstellen läßt (vgl: Abb.4).

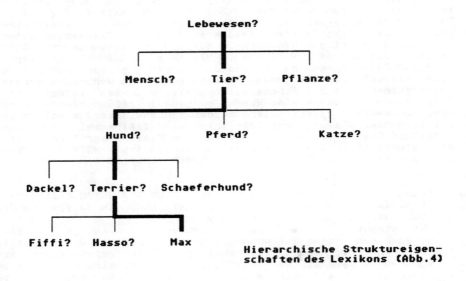

Hierarchische Struktureigenschaften des Lexikons (Abb.4)

Diese kognitionspsychologische Auffassung der 'Wortbedeutung als integrativer Bestandteil des menschlichen Erkenntnissystems' hat erhebliche Konsequenzen für die Erforschung semantischer Entwicklungsprozesse. So hebt SZAGUN (vgl.: 1986,199) hervor, daß Wörter (als Sprachzeichen) psychologisch von den Begriffen, die sie symbolisieren, zu trennen sind: Wörter sind Produkte der Nachahmung, während Begriffe das Resultat aktiver Differenzierungs- und Organisationsprozesse sind. Damit treten die Struktur und Entstehungsgeschichte von Begriffen in den Vordergrund.

1.3.1. Die Prototypenkonzeption

Systemlinguistische Merkmalstheorien gehen davon aus, daß die Bedeutung eines Wortes (Intension eines inhaltsspezifischen Klassenbegriffs) die definierenden Eigenschaften (semantischen Merkmale) einer Klasse (bzw. Kategorie) von Objekten in der äußeren Realität (Extension des Klassenbegriffs) enthält. Daraus ergeben sich drei fundamentale Konsequenzen für die Struktur und Funktion von Begriffen:

(A) Begriffe (Wortbedeutungen) können eindeutig gegeneinander abgegrenzt werden. Es existieren wohldefinierte Kategoriengrenzen, denn sämtliche Objekte, die nicht mit den definierenden Eigenschaften beschreibbar sind, liegen außerhalb der Kategorie, die das Wort enkodiert. In diesem Sinne liegen 'Zebra', 'Schimpanse' oder 'Haushuhn' außerhalb der Begriffskategorie 'Hund', da sie nicht mit der Merkmalskonfiguration [+belebt] [+vierbeinig][+Fell][+Schwanz] und [+bellend] vereinbar sind.
(B) Mitglieder einer Begriffskategorie weisen den gleichen Status auf. Jedes Objekt, das den definierenden Eigenschaften eines Begriffs entspricht, ist ein gleichermaßen 'repräsentatives' Mitglied seiner Begriffsklasse. Beispielsweise sind 'Dackel', 'Schäferhund' oder 'Terrier' gleichermaßen repräsentative Mitglieder der Begriffskategorie 'Hund', da sie per definitionem der oben genannten Merkmalskonfiguration entsprechen.
(C) Semantische Entscheidungsprozesse involvieren Klassifizierungen nach dem 'Entweder-Oder-Prinzip'. Da die Benennung eines Objektes auf der Grundlage wohldefinierter Merkmalsinformationen erfolgt, kann jedem Referenzobjekt eindeutig ein entsprechendes Wort zugeordnet werden. Ein Objekt ist entweder ein Hund oder nicht, d.h. es entspricht entweder der Merkmalskonfiguration des Wortes 'Hund' oder nicht - 'Zweifelsfälle' sind aus dieser Perspektive nicht existent.

Eine Reihe von Argumenten sprechen jedoch dagegen, daß Wortbedeutungen bzw. Begriffskategorien eindeutig gegeneinander abgegrenzt werden können. So weisen KUCZAJ & GREENBERG (vgl.: 1982,278-279) darauf hin, daß es erhebliche Schwierigkeiten bereitet die Bedeutung eines Wortes (Intension eines Begriffs) merkmaltheoretisch zu erfassen, denn einerseits kann nicht genau festgelegt werden wie viele Merkmale notwendig sind, um eine Wortbedeutung bzw. einen Begriff adäquat zu beschreiben, andererseits ist es schwierig die zur Definition einer Wortbedeutung notwendigen essentiellen Merkmale zu bestimmen. Zum Beispiel könnte die Bedeutung des Wortes 'Hund' mit den semantischen Merkmalen [+belebt] [+vierbeinig] [+Fell] [+Schwanz] und [+bellend] definiert werden. Aber gegen diese Merkmalsliste läßt sich einwenden, daß sie zu wenige Bedeutungskomponenten enthält, um Hunde von 'Nicht-Hunden' zu unterscheiden. Auch eine Auflistung von negativen Merkmalen, wie beispielsweise [-Hörner][-Euter] oder [-Hufe] hilft hier nicht weiter, da es eine unendliche Anzahl von Bedeutungskomponenten gibt, die ein Hund besitzt bzw. nicht besitzt. Es kann also nicht genau festgelegt werden wie viele Merkmale notwendig sind, um die

Intension (Bedeutung) des Wortes exakt zu bestimmen. Damit bleibt auch die Extension des Wortes 'Hund' unklar, denn aufgrund einer unvollständigen Merkmalsliste kann nicht entschieden werden, welche Referenten mit dem Wort bezeichnet werden können und welche außerhalb des referentiellen Spektrums liegen. Ebenso unklar bleibt, welche Bedeutungskomponenten als essentiell bzw. definierend aufzufassen sind, um die Extension des Wortes zu bestimmen. So kann einem Hund zwar das Merkmal [+belebt] zugeordnet werden, für die Unterscheidung zwischen einem Hund und einem 'Nicht-Hund' ist es jedoch nahezu irrelevant. Ein Hund, der aufgrund eines Unfalls nur drei Beine hat, wird gleichermaßen mit dem Wort 'Hund' bezeichnet, wie einer ohne Fell und ohne Schwanz. Es scheint demnach keine essentiellen Merkmale zu geben, die eine exakte Unterscheidung von Hund und 'Nicht-Hund' ermöglichen. Der 'criterial feature-list approach' der Wortbedeutung (Begriffsstruktur) kann eine inadäquate Klassifizierung einiger Objekte als Mitglieder einer Begriffskategorie und umgekehrt nicht verhindern.

Zudem belegen zahlreiche theoretische und empirische Untersuchungen, daß sich die Mitglieder einer Begriffskategorie im Hinblick auf ihren Repräsentativitätsgrad (gradient of representativeness) unterscheiden. (BERLIN & KAY, 1969; HEIDER, 1972; ROSCH, 1973; LABOV, 1973; LAKOFF, 1973; MERVIS,CATLIN & ROSCH, 1975; FILLMORE, 1975,1977; ROSCH, MERVIS, GRAY, JOHNSON & BOYES-BREAM, 1976; KAY & McDANIEL, 1978; BOWERMAN, 1978; BATES & MacWHINNEY, 1980; DeVILLIERS 1980; MARATSOS & CHALKLEY, 1980; MERVIS & ROSCH, 1981; MEDIN & SMITH, 1984) So erhalten Objekte einer gemeinsamen übergeordneten Begriffskategorie bei Typikalitätsratings unterschiedliche Rangplätze, d.h. sie entsprechen in unterschiedlicher Weise dem idealtypischen Vorbild ihrer Begriffsklasse:

Member	Goodness of example Rank	Specific Score	Member	Goodness of example Rank	Specific Score
		BIRD			
robin	1	1.02	sandpiper	30	2.40
sparrow	2	1.18	pheasant	31	2.69
bluejay	3	1.29	catbird	32	2.72
bluebird	4	1.31	crane	33	2.77
canary	5	1.42	albatross	34	2.80
blackbird	6	1.43	condor	35	2.83
dove	7	1.46	toucan	36	2.95
lark	8	1.47	owl	37	2.96
swallow	9	1.52	pelican	38	2.98
parakeet	10	1.53	geese	39	3.03
oriole	11	1.61	vulture	40	3.06
mockingbird	12	1.62	stork	41	3.10
redbird	13.5	1.64	buzzard	42	3.14
wren	13.5	1.64	swan	43	3.16
finch	15	1.66	flamingo	44	3.17
starling	16	1.72	duck	45	3.24
cardinal	17.5	1.75	peacock	46	3.31
eagle	17.5	1.75	egret	47	3.39
hummingbird	19	1.76	chicken	48	4.02
seagull	20	1.77	turkey	49	4.09
woodpecker	21	1.78	ostrich	50	4.12
pigeon	22	1.81	titmouse	51	4.35
thrush	23	1.89	emu	52	4.38
falcon	24	1.96	penguin	53	4.53
crow	25	1.97	bat	54	6.15

Ratings zur Kategorie 'Vogel' (nach ROSCH, 1975,232) (Abb.5)

'Rotkehlchen', 'Ente' und 'Pinguin' sind zwar Mitglieder der gemeinsamen übergeordneten Begriffskategorie 'Vogel'; diese Objekte weisen jedoch eine unterschiedliche Typikalität auf. Während ein Rotkehlchen fast dem Idealtypus (Prototypen) entspricht und somit besonders repräsentativ für die Begriffsklasse 'Vogel' ist, liegen 'Ente' und 'Pinguin' als weniger typische Mitglieder weit davon entfernt. Aus der Mitgliedschaft eines Objektes zu einer Begriffskategorie folgt also keineswegs, daß sein Status mit dem der anderen Mitglieder gleichgesetzt werden kann. Vielmehr lassen sich typische von weniger typischen bzw. atypischen Mitgliedern einer Begriffskategorie unterscheiden (vgl.: Abb.5).

Der unterschiedliche Repräsentativitätsgrad der Mitglieder einer Kategorie wirkt sich auf eine Reihe von psychologischen Variablen aus. ROSCH (vgl: 1975,210-212) betont in diesem Zusammenhang, daß Typikalität vor allem mit der Reaktionszeit (speed of processing) korreliert, die zur Verifikation von 'ISA-links' benötigt wird. Erwachsene Versuchspersonen können Aussagen wie 'Ein (Bezugsobjekt) ISA (Kategorienmitglied)' erheblich schneller beantworten, wenn besonders typische Mitglieder einer Begriffskategorie als Bezugsobjekte eingesetzt werden. Dies gilt sowohl für natürliche Begriffe (natural concepts), wie beispielsweise 'Gemüse', 'Möbel' oder 'Spielzeug', als auch für artifizielle Begriffe (artificial concepts), wie Punktmuster und Phantasiefiguren. Aus der Perspektive der Merkmalstheorie müßte man jedoch erwarten, daß die Reaktionszeit grundsätzlich bei allen Mitgliedern einer begrifflichen Kategorie gleich ist, daß also alle Mitglieder gleich schnell zur Kategorie gehörig anerkannt werden.

Nach BATTIG & MONTAGUE (1969) korreliert der Grad der Typikalität eines Objektes außerdem mit der Wahrscheinlichkeit seiner Nennung als Beispiel für eine Begriffskategorie (probability of exemplar production). So werden besonders typische Objekte im Vergleich mit atypischen Objekten weitaus häufiger als Beispiele für eine Begriffskategorie genannt. 'Rotkehlchen' oder 'Taube' werden also häufiger als Beispiele für die übergeordnete Begriffskategorie 'Vogel' genannt, als 'Huhn' oder 'Ente'. Dieser Befund wird durch eine empirische Untersuchung von ERREICH & VALIAN (vgl.: 1979, 1071-1077) gestützt, die nachweisen konnten, daß Kinder sehr häufig Objekte malen, die besonders repräsentativ für ihre Begriffsklasse sind. Auch diese Ergebnisse widersprechen der merkmaltheoretischen Konzeption einer gleichberechtigten Repräsentativität aller Kategorienmitglieder.

Schließlich enthalten natürliche Sprachen eine Vielzahl von lexikalischen Strukturen mit denen unterschiedliche Typikalitätsgrade ausgedrückt werden. Wörter (und Wendungen) wie 'technically' oder 'true', 'eigentlich', 'genaugenommen' oder 'sozusagen' stellen nach LAKOFF (1973) sogenannte Heckenwörter (hedges) dar, die zum Ausdruck bringen, welche Typikalität ein Objekt aufweist. Während zum Beispiel der Satz 'Eine Meise ist eigentlich ein Vogel' schon fast absurd erscheint, ist der Satz 'Ein Emu ist eigentlich ein Vogel' durchaus akzeptabel. Typische Objekte einer begrifflichen Kategorie lassen sich also nicht mit Heckenwörtern vereinbaren.

MERVIS & ROSCH (vgl: 1981,97) kommen darüberhinaus zu dem Schluß, daß ein Wort einer übergeordneten Begriffskategorie ohne weiteres gegen Hyponyme von typischen Objekten dieser Kategorie ausgetauscht werden kann. Dagegen ist ein Austausch gegen Hyponyme von atypischen Mitgliedern der Kategorie nicht möglich. In dem Satz 'Ein Vogel sitzt zwitschernd auf der Fensterbank' kann der superordinierte Ausdruck 'Vogel' ohne weiteres gegen ein Hyponym eines typischen Objektes ersetzt werden: 'Eine Meise sitzt zwitschernd auf der Fensterbank', 'Ein Rotkehlchen sitzt zwitschernd auf der Fensterbank', etc. Eine Substitution des Wortes 'Vogel' durch ein Hyponym eines atypischen Mitglieds der Kategorie ist jedoch nicht möglich: 'Ein Emu sitzt zwitschernd auf der Fensterbank'?

Aus diesen Befunden folgert ROSCH (ROSCH & LLOYD 1978,27-46), daß die interne Struktur begrifflicher Kategorien durch eine zentrale Tendenz zur Prototypikalität gekennzeichnet ist. Begriffe weisen eine 'prototypische Mitte' auf, um die sich die weniger typischen Objekte der gleichen konzeptuellen Extension in mehr oder minder großem Abstand gruppieren. Dabei sind Prototypen als die klarsten Fälle (bzw. typischsten Beispiele) einer Kategorie anzusehen, die zunächst rein operational durch Ratings identifiziert werden: "By prototypes of categories we have generally meant the clearest cases of category membership defined operationally by people's judgements of goodness of membership in the category." (1978,36)

Der operationalen Definition wird allerdings eine explanative Ergänzung hinzugefügt. So gehen MERVIS & ROSCH (vgl: 1981,99) davon aus, daß begriffliche Kategorien zahlreiche Eigenschaften enthalten, die den Mitgliedern (jedoch) in unterschiedlichem Ausmaß zukommen. Sie nennen diese Art der Kategorienstruktur in Anlehnung an WITTGENSTEIN (1953) eine 'Familienähnlichkeit'. Die Konzeption der Familienähnlichkeit hat WITTGENSTEIN (1953/67,48-49) am Beispiel des Begriffs 'Spiel' erläutet:

"Betrachte z.B. einmal die Vorgänge, die wir 'Spiele' nennen. Ich meine Brettspiele, Kartenspiele, Ballspiel, Kampfspiele, usw. Was ist allen diesen gemeinsam? - Sag nicht: "Es muß ihnen etwas gemeinsam sein, sonst hießen sie nicht 'Spiele'" - sondern schau, ob ihnen allen etwas gemeinsam ist. - Denn, wenn du sie anschaust, wirst du zwar nicht etwas sehen, was allen gemeinsam wäre, aber du wirst Ähnlichkeiten, Verwandtschaften, sehen, und zwar eine ganze Reihe. Wie gesagt, denk nicht, sondern schau! Schau z.B. die Brettspiele an, mit ihren mannigfaltigen Verwandtschaften. Nun gehe zu den Kartenspielen über: hier findest du viele Entsprechungen mit jener ersten Klasse, aber viele gemeinsame Züge verschwinden, andere treten auf. Wenn wir nun zu den Ballspielen übergehen, so bleibt manches Gemeinsame erhalten, aber vieles geht verloren. - Sind sie alle 'unterhaltend'? Vergleiche Schach mit dem Mühlfahren. Oder gibt es überall ein Gewinnen und Verlieren, oder eine Konkurrenz der Spielenden? Denk an die Patiencen. In den Ballspielen gibt es Gewinnen und Verlieren; aber wenn ein Kind den Ball an die Wand wirft und wieder auffängt, so ist dieser Zug verschwunden. Schau, welche Rolle Geschick und Glück spielen. Und wie verschieden ist Geschick im

Schachspiel und Geschick im Tennisspiel. Denk nun an die Reigen-spiele: Hier ist das Element der Unterhaltung, aber wie viele der anderen Charakterzüge sind verschwunden? Und so können wir durch die vielen, vielen Gruppen von Spielen gehen, Ähnlichkeiten auf-tauchen und verschwinden sehen. Und das Ergebnis dieser Betrach-tung lautet nun: Wir sehen ein kompliziertes Netz von Ähnlich-keiten, die einander übergreifen und kreuzen. Ähnlichkeiten im Großen und Kleinen. Ich kann diese Ähnlichkeiten nicht besser charakterisieren als durch das Wort 'Familienähnlichkeiten'; denn so übergreifen und kreuzen sich die verschiedenen Ähnlichkeiten, die zwischen den Gliedern einer Familie bestehen: Wuchs, Ge-sichtszüge, Augenfarbe, Gang, Temperament, etc. etc. - Und ich werde sagen: die 'Spiele' bilden eine Familie."

MERVIS & ROSCH (vgl.: 1981,100) vertreten nun die Auffassung, daß sich die Mitglieder einer Begriffskategorie durch das Ausmaß un-terscheiden, in welchem sie Eigenschaften mit anderen Mitgliedern teilen. Prototypische Objekte teilen eine große Anzahl von Eigen-schaften (perceptual and functional attributes) mit anderen Mit-gliedern ihrer Kategorie. Sie haben außerdem die wenigsten Eigen-schaften mit Mitgliedern kontrastierender Kategorien gemeinsam. Prototypen weisen also eine maximale intrakategoriale Ähnlichkeit (within category similarity) und minimale interkategoriale Ähn-lichkeit (between category similarity) auf. Im Gegensatz dazu teilen atypische Objekte nur wenige Eigenschaften mit dem Proto-typen, haben stattdessen aber Merkmale mit benachbarten Katego-rien gemeinsam. Atypische Objekte stellen in diesem Sinne Grenz-beispiele (boundary examples) dar, die auch anderen begrifflichen Kategorien zugeordnet werden können. Daraus ergibt sich, daß die Klassifizierung eines Objektes nicht durch Anwendung einer Merk-malsliste erfolgt, die im Sinne einer Definition die notwendigen und hinreichenden Eigenschaften der Begriffskategorie spezifi-ziert, sondern auf der Grundlage seiner Ähnlichkeit zum prototy-pischen Vorbild. Je größer die Ähnlichkeit zum Prototypen ist, als desto typischer gilt das jeweilige Objekt und umso schneller und sicherer kann es als Mitglied seiner Begriffskategorie iden-tifiziert werden. Weniger typische Objekte weisen dagegen gerin-gere Ähnlichkeiten mit dem Prototypen auf und lassen sich deswe-gen nur bedingt einer Klasse zuordnen. Begriffe haben demnach keine wohldefinierten Grenzen, sondern werden zu den Rändern hin unscharf bzw. gehen ineinander über. WITTGENSTEIN (1953/67,50) hat diese Vagheit von begrifflichen Strukturen ebenfalls am Bei-spiel der Kategorie 'Spiel' aufgezeigt:

"Wie würden wir denn jemandem erklären, was ein Spiel ist? Ich glaube wir würden ihm Spiele beschreiben, und wir könnten der Beschreibung hinzufügen: "das, und Ähnliches nennt man 'Spiele'". Und wissen wir selbst denn mehr? Können wir etwa dem anderen nicht genau sagen, was ein Spiel ist? - Aber das ist nicht Unge-wissenheit. Wir kennen die Grenzen nicht weil keine gezogen sind. ... Man kann sagen, der Begriff 'Spiel' ist ein Begriff mit ver-verschwommen Rändern."

Nach LABOV (1973) hat die Vagheit von Begriffen einen erheblichen Einfluß auf den Prozess der sprachlichen Benennung. Wenn man beispielsweise erwachsenen Versuchspersonen Zeichnungen von Gefäßen (vgl.: Abb.6) vorlegt, die sich hinsichtlich ihrer Form und Proportion unterscheiden, dann werden diese Gefäße in Abhängigkeit von ihrer Typikalität mit unterschiedlicher Konstanz (Benennungskonsistenz) bezeichnet. So erhalten Gefäße mit einem Höhe-Breite Verhältnis von etwa 1:1 grundsätzlich die Bezeichnung 'Tasse', wenn sich das Verhältnis eindeutig zugunsten der Höhendimension verändert (4:1) wird stets das Wort 'Vase' benutzt, und bei einer extremen Betonung der Breitendimension (1:4) erfolgt sehr häufig eine Benennung mit dem Wort 'Schüssel'. Dagegen werden Gefäße mit einem Höhe-Breite Verhältnis von etwa 1:2 sowohl als 'Tasse', als auch als 'Schüssel' bezeichnet; bei einem Verhältnis von 2.5:1 werden sowohl 'Tasse' als auch 'Vase' verwendet.

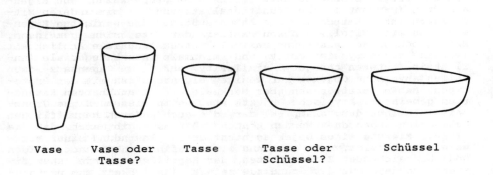

Vase   Vase oder   Tasse   Tasse oder   Schüssel
         Tasse?   Schüssel?

Typikalität und Benennungskonsistenz von Gefäßen
(vgl.: MILLER & JOHNSON-LAIRD, 1976,226) (Abb.6)

Die Benennungskonsistenz variiert also als Funktion des Höhe-Breite Verhältnisses der einzelnen Gefäße. Typische Gefäße weisen ein eindeutiges Höhe-Breite Verhältnis auf und zeichnen sich dementsprechend durch eine hohe Benennungskonsistenz aus. Weniger typische Objekte haben dagegen ungünstigere Proportionen und erhalten aus diesem Grund niedrigere Konsistenzwerte (bzw. unterschiedliche Benennungen). Allgemein läßt sich feststellen: Die Benennung eines Objektes ist abhängig von seiner Ähnlichkeit zum prototypischen Vorbild. Je größer der Abstand zwischen einem prototypischen Objekt, das stets und problemlos mit ein und demselben Wort bezeichnet wird, und einem anderen, ihm mehr oder weniger ähnlichen Objekt in bestimmten Dimensionen ist, desto geringer ist die Wahrscheinlichkeit, daß die Bezeichnung des prototypischen Objektes beibehalten wird (vgl.: LABOV, 1973,340-373; MILLER & JOHNSON-LAIRD, 1976,226-229; BOCHUMER ARBEITSGRUPPE, 1984, 156-180).

Die Identifizierung eines Objektes als Mitglied einer Begriffskategorie, die dem Prozess der sprachlichen Benennung vorausgeht,
stellt jedoch nur einen Teilaspekt der konzeptuellen Klassifikation dar (die horizontale Dimension). Objekte in der äußeren Realität können darüberhinaus unterschiedlichen Abstraktionsniveaus
zugeordnet werden (die vertikale Dimension). Diese Abstraktionsebenen (Küchenstuhl > Stuhl > Möbel) sind durch Klasseninklusion
miteinander verbunden (ISA (Küchenstuhl,Stuhl)(ISA (Stuhl,Möbel))
und bilden in ihrer Gesamtheit eine konzeptuelle Taxonomie.

ROSCH, MERVIS, GRAY, JOHNSON & BOYES-BREAM (vgl.: 1976, 382-439)
heben nun hervor, daß eine der Abstraktionsebenen, die sogenannte
Basisebene, im Rahmen konzeptueller Klassifizierungsprozesse eine
besondere Stellung einnimmt. Diese Position wird durch eine Reihe
von empirischen Befunden gestützt. Zum Beispiel können erwachsene
Versuchspersonen, die mit einer dreistufigen Abstraktionshierarchie konfrontiert werden (Küchenstuhl > Stuhl > Möbel), erheblich
schneller der Basisebene bzw. einem mittleren Abstraktionsniveau
bestimmte Objekte zuordnen (ISA (Objekt,Stuhl)) als einer übergeordneten (ISA (Objekt,Möbel)) oder untergeordneten (ISA (Objekt,
Küchenstuhl)) Ebene. Die Reaktionszeit (speed of processing), die
zur Verifikation eines Objektes auf der Basisebene benötigt wird,
ist also geringer als auf anderen Abstraktionsniveaus. Begriffe
auf dem Basisobjektniveau (basic level categories) gewährleisten
aus prozessualer Perspektive eine maximale konzeptuelle Klassifizierungseffizienz (vgl.: MURPHY & SMITH, 1982,1-20). Erwachsene
Versuchspersonen verwenden außerdem bei einer spontanen Benennung
von einzelnen Objekten häufiger Wörter die das Basisobjektniveau
(ISA (Objekt,Vogel)) betreffen, als Wörter für übergeordnete (ISA
(Objekt,Lebewesen)) oder untergeordnete (ISA (Objekt,Fischadler))
Abstraktionsebenen (vgl.: ROSCH et al., 1976). CRUSE (vgl.: 1977,
305-311) fügt in diesem Zusammenhang hinzu, daß Bezeichnungen für
Basisobjektbegriffe (basic level categories) linguistisch nicht
markiert sind, also in 'alltäglichen sprachlichen Kontexten' verwendet werden. Damit erhält die Basisebene auch aus der Perspektive verbaler Enkodierungsprozesse eine herausragende Bedeutung.
Schließlich kommen MERVIS & CRISAFI (1982) zu dem Schluß, daß Begriffe zuerst auf der Basisebene erworben und dann in Taxonomien
integriert werden. Das Basisobjektniveau nimmt demzufolge auch
entwicklungspsychologisch eine Sonderstellung ein.

Diese Ergebnisse weisen eindrücklich darauf hin, daß konzeptuelle
Klassifizierungsprozesse bevorzugt auf der Basisobjektebene einer
Abstraktionshierarchie erfolgen. Damit stellt sich die Frage, aus
welchen Gründen die Klassifizierungs- bzw. Enkodierungseffizienz
auf diesem Abstraktionsniveau höher ist als auf übergeordneten
und untergeordneten Klassifikationsebenen. HUNN (vgl.: 1976,521)
führt als Begründung für die schnelle und sichere Klassifizierung
auf der Basisebene an, daß auf diesem spezifischen Abstraktionsniveau eine vergleichende Analyse der Objekteigenschaften mit den
Informationsstrukturen der Begriffskategorie (attribute analysis)
nicht erforderlich ist. Die Zugehörigkeit eines Objektes zu einem
Basisobjektbegriff wird durch die Gestaltfaktoren der Wahrnehmung
determiniert.

Dagegen vertreten MERVIS & ROSCH (vgl.: 1981,100) die Auffassung, daß begriffliche Kategorien auf dem Basisobjektniveau umfassender strukturiert sind als auf über- und untergeordneten Abstraktionsebenen. Basisobjektbegriffe enthalten ein Maximum an distinktiven Merkmalen, wobei ein distinktives Merkmal den meisten Mitgliedern einer Begriffskategorie gemeinsam ist, den Mitgliedern einer kontrastierenden Kategorie jedoch fehlt. Basisobjektbegriffe haben in diesem Sinne den größten Informationswert (information value), da sie intrakategoriale Ähnlichkeiten und interkategoriale Gegensätze besonders deutlich hervorheben.

1.3.2. Entwicklungspsychologische Implikationen

Im Bereich der Wortbedeutungsentwicklung des Kindes haben sich die Repräsentativität der Kategorienmitglieder und das konzeptuelle Abstraktionsniveau als fundamentale Entwicklungsvariablen erwiesen, mit denen die Phänomene der Übergeneralisierung und Überdiskrimination gleichermaßen erfaßt werden können. Beispielsweise konnte ROSCH (vgl.: 1973,135-144) nachweisen, daß Kinder und Erwachsene Aussagen wie 'Ein (Bezugsobjekt) ISA (Kategorienmitglied)' korrekt und schnell beantworten können, wenn besonders typische Mitglieder einer Begriffskategorie als Bezugsobjekte eingesetzt werden (ISA(Fußball,Sport). Die Reaktionszeiten (speed of processing), die zur Identifizierung weniger typischer Objekte

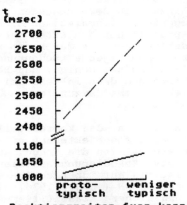

Reaktionszeiten fuer korrekt identifizierte prototypische und weniger typische Mitglieder einer Begriffskategorie.
(--): Kinder
(—): Erwachsene

(Abb.7)

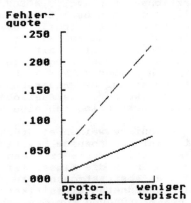

Fehlerquote bei der Identifizierung prototypischer und weniger typischer Mitglieder einer Begriffskategorie.
(--): Kinder
(—): Erwachsene

(Abb.8)

48

als Mitglieder einer übergeordneten Begriffskategorie benötigt werden, sind bei Kindern dagegen weitaus höher als bei Erwachsenen (ISA(Angeln,Sport))(vgl.: Abb.7). Kinder machen zudem im Vergleich mit Erwachsenen mehr Fehler bei der Identifizierung weniger typischer Mitglieder (vgl: Abb.8). Daraus kann man schließen, daß die Phänomene der Übergeneralisierung und Überdiskrimination auf eine unzureichende Ausdifferenzierung der kindlichen Begriffe in den Grenzbereichen zurückzuführen sind. Kinder verfügen also zunächst nur in prototypischen Bereichen über eine stabile (bzw. adäquate) Wortbedeutung, während die Grenzbereiche entweder überdiskriminiert oder übergeneralisiert werden.

K.E.NELSON & K.NELSON (vgl: 1978,223-285) vertreten in diesem Zusammenhang die Auffassung, daß die Kriterien, nach denen einzelne Objekte in der äußeren Realität klassifiziert werden, im Verlaufe der Wortbedeutungsentwicklung ständig zwischen 'progressiv' und 'konservativ' schwanken, bis sie schließlich genau mit denen der Erwachsenen übereinstimmen. Dabei führt die Anwendung konservativer Kriterien aufgrund der fehlenden Informationen über atypische Kategorienmitglieder zu einer Überdiskrimination des betreffenden Wortes. Ein Kind wird dann zwar Rotkehlchen und Schwalben mit dem Wort 'Vogel' benennen, Pinguine und Emus jedoch nicht, da sie als weniger typische Mitglieder dieser Begriffskategorie (noch) nicht bekannt sind. Die Anwendung progressiver Kriterien führt dementsprechend zu einer Übergeneralisierung des Wortes, d.h. es werden auch Mitglieder anderer Begriffskategorien mit dem Wort benannt. Das Kind wird in diesem Falle beispielsweise auch Fledermäuse als Referenten des Wortes 'Vogel' akzeptieren. MERVIS & ROSCH (1981) teilen diese Auffassung und fügen hinzu, daß semantische Entwicklungsprozesse mit der Bewegung eines Pendels vergleichbar sind. Kinder können anfangs nur besonders typische Mitglieder einer Begriffskategorie mit dem entsprechenden superordinierten Wort benennen, während weniger typische Mitglieder aus den Grenzbereichen der Kategorie im Sinne einer Pendelbewegung entweder überdiskriminiert oder übergeneralisiert werden (1981,98):
"This pendulum theory predicts that category membership of representative examples should be firmly established at a young age, while membership of less representative examples will vascillate"

Dies schließt jedoch nicht aus, daß Kinder die weniger typischen Mitglieder einer Begriffskategorie mit adäquaten subordinierten Wörtern bezeichnen können. WHITE (1982) hebt zum Beispiel hervor: "Children underextend superordinate class labels. The superordinate is applied to instances rated as typical by adults, while atypical instances are often excluded from the semantic class, even though the child can usually identify the atypical instances with a specific subordinate name." (WHITE, 1982,328)[1]

---

[1] Ein Kind könnte demnach das Objekt 'Wohnzimmerschrank' als ein Mitglied der Kategorie (bzw. einen potentiellen Referenten des Wortes) 'Möbel' ausschließen und gleichzeitig mit dem subordinierten Wort 'Wohnzimmerschrank' korrekt benennen.

Zusammenfassend läßt sich zunächst folgendes feststellen: Aus der Perspektive der Prototypenkonzeption enthält das mentale Lexikon des Kindes zu Beginn der Wortbedeutungsentwicklung (überwiegend) semantische Informationen über ausgesprochen typische Referenten. Diese prototypischen Objektinformationen werden zur Klassifizierung und Benennung von Objekten in der äußeren Realität herangezogen. Je größer dabei die Ähnlichkeit eines Objektes zu dem prototypischen Vorbild seiner Begriffskategorie ist, umso früher und sicherer wird das Kind dieses Objekt klassifizieren bzw. benennen können. Je größer jedoch die Abweichung vom prototypischen Vorbild ist, desto schwieriger ist die Zuordnung zur Begriffskategorie und umso später erfolgt eine adäquate Benennung (vgl.: ROSCH, 1973; MERVIS,CATLIN & ROSCH, 1975; ANGLIN, 1977; NELSON & NELSON, 1978; MERVIS & PANI, 1980; WHITE, 1982, MURPHY & SMITH, 1982).

Welche psychischen Prozesse sind nun an der Entwicklung prototypischer Begriffsstrukturen beteiligt? Wie werden prototypische Begriffsstrukturen mental repräsentiert? Wie verändern sich mentale Repräsentationen im Verlaufe der Wortbedeutungsentwicklung des Kindes?

Nach ANGLIN (1977) entstehen prototypische Begriffsstrukturen bzw. Wortbedeutungen aus der Erfahrung des Kindes mit der Umwelt. Kinder entdecken im Rahmen der Wortbedeutungsentwicklung, daß bestimmte Eigenschaften von Objekten, die in Verbindung mit einem sprachlichen Zeichen wahrgenommen werden, trotz unterschiedlicher situativer Kontexte stets invariant sind. Diese Eigenschaften, die funktionaler (Bewegungsmodus, Benutzbarkeit, etc.) und/oder perzeptueller (Farbe, Form, Geräusch etc.) Natur sein können (ein Lederball ist in der Wohnung und im Freien <u>rund</u>, er <u>rollt</u>, <u>hüpft</u>, <u>springt</u>, etc.), werden als intensionale Wissensstrukturen gespeichert, d.h. mit einem sprachlichen Zeichen verbunden und als ein Bestandteil der Bedeutung des Wortes übernommen. Obwohl Kinder nun einige invariante Eigenschaften von Objekten kennen, wenden sie diese Informationen jedoch nicht im Sinne einer Merkmalsliste an um zu überprüfen, ob ähnliche Objekte mit dem entsprechenden Wort bezeichnet werden können. Das intensionale Wissen (die Wortbedeutung) wird in der extensionalen Anwendungssituation (dem eigentlichen Benennungsprozeß) nicht ausgeschöpft – Intension und Extension sind also nur wenig koordiniert (vgl. hierzu: SZAGUN, 1983,80–82; SEILER & WANNENMACHER, 1985,23). Ein Kind mag zwar in dieser (frühen) Entwicklungsphase fähig sein einige perzeptuelle und/oder funktionale Eigenschaften einer Begriffskategorie aufzuzählen; jedoch stellt dieses Wissen keine von den Objekten völlig losgelöste Abstraktionsleistung dar, sondern basiert vielmehr auf konkreten Einzelerlebnissen bestimmter Mitglieder dieser begrifflichen Kategorie. So könnte es beispielsweise vorkommen, daß ein Kind zur Definition der Kategorie 'Vogel' die Eigenschaften 'hat Federn', 'hat Schnabel' und 'kann fliegen' aufzählt, dennoch aber die weniger typischen Mitglieder 'Ente' bzw. 'Huhn' ausschließt. Potentielle Referenten (bzw. Mitglieder einer Begriffskategorie) werden also nicht einer analytisch-perzeptuellen Vergleichsprozedur (attribute analysis) im Sinne des 'criterial feature-list approach' unterzogen. Stattdessen werden Objekte in der äußeren

Realität auf der Grundlage eines holistischen Vergleichsprozesses klassifiziert, d.h. mit dem zunächst noch relativ undifferenzierten prototypischen Vorbild der jeweiligen Kategorie verglichen.[2]

ANGLIN (1977) geht also allgemein davon aus, daß funktionale und perzeptuelle Objektinformationen zu prototypischen Vorstellungen (Schemata) verschmelzen. In Verbindung mit sprachlichen Zeichen entwickeln sich erste (prototypische) Wortbedeutungen, die noch sehr ungenau sind, da sie ausschließlich Informationen über ganz bestimmte bzw. konkrete Objekte enthalten. Folglich werden diese Wortbedeutungen häufig überdiskriminiert oder übergeneralisiert, da der holistische Ähnlichkeitsvergleich mit den prototypischen Vorbildern dazu führt, daß einige Nicht-Referenten aufgrund von irrelevanten Ähnlichkeiten als Referenten und potentielle Referenten aufgrund von irrelevanten Gegensätzen als Nicht-Referenten identifiziert werden. Das Kind klassifiziert in dieser Entwicklungsphase (in der Intension und Extension nur wenig koordiniert sind) in 'assoziativen Komplexen'. Sämtliche Objekte, die irgendeine Eigenschaft mit dem prototypischen Vorbild gemeinsam haben, werden nun der Begriffskategorie zugeordnet bzw. als Referenten des Wortes akzeptiert. Wenn zum Beispiel der Prototyp ein großes, blaues Viereck ist, so werden mal große, mal blaue oder mal viereckige Objekte als Mitglieder der Begriffskategorie bzw. Referenten des Wortes angesehen, selbst wenn diese Objekte untereinander überhaupt keine Gemeinsamkeiten besitzen.

Der kontinuierliche Erfahrungszuwachs mit anderen, mehr oder weniger ähnlichen Objekten in der äußeren Realität führt dann zu einer Erweiterung des ursprünglichen (multimodalen) Prototypen.[3]

---

[2] POSNER (1973,55) hebt in diesem Zusammenhang hervor:
"Taking the perceived object as the starting place, a person's analysis of it into attributes is a cognitive achievement of considerable complexity. Indeed the ability to describe the difference between objects by reference to a set of attributes is more difficult to acquire than the ability to discriminate the objects. It is easier to distinguish between dogs and cats than to say why they are different."

[3] ANGLIN (1977) greift hinsichtlich dieser Entwicklungsphase die Prototypenkonzeption von POSNER & KEELE (1968; POSNER, 1973) auf. Diese Autoren konnten (experimentell) nachweisen, daß erwachsene Versuchspersonen auch dann das prototypische Vorbild einer bildhaft-figurativen Kategorie erkennen, wenn der Prototyp selbst nicht dargeboten wird und das Testmaterial aus mehr oder minder großen Abweichungen vom Idealtypus besteht. POSNER & KEELE (1968) folgerten daraus, daß ein Prototyp nicht grundsätzlich mit dem typischsten Mitglied einer Kategorie von Objekten gleichzusetzen ist (wie beispielsweise ROSCH & LLOYD (1978) annehmen), sondern eine abstrakte Organisationsinstanz darstellt, die sich aus den unterschiedlichsten Informationen der gesamten Kategorie zusammensetzt.

Es entsteht ein abstrakter Prototyp bzw. eine 'zentrale Tendenz' (central tendency), mit der alle potentiellen Mitglieder der Begriffskategorie bzw. Referenten des Wortes erfaßt werden können. Dabei ist unter einer zentralen Tendenz ein abstraktes Strukturprinzip zu verstehen, das im Sinne einer konzeptuellen 'Komposition' die häufigsten gemeinsamen Eigenschaften aller Mitglieder der Kategorie vereinigt. Das wesentliche Klassifizierungs- bzw. Benennungskriterium ist nun die Anzahl der Eigenschaften, die ein Objekt mit dem Prototypen gemeinsam hat. Diejenigen Objekte, die eine große Anzahl von Eigenschaften mit dem Prototypen teilen und ihm somit besonders ähnlich sind, werden schnell und sicher der Begriffskategorie zugeordnet bzw. korrekt mit dem entsprechenden Wort bezeichnet. Andere Objekte, die nur wenige Merkmale mit dem Prototypen teilen und ihm somit weniger ähnlich sind, werden dagegen erst später als Mitglieder der begrifflichen Kategorie bzw. potentielle Referenten identifiziert. Im Rahmen dieser Entwicklungsphase werden die Begriffsgrenzen zunehmend ausdifferenziert und es kommt häufig zu spontanen Klassifizierungen (Benennungen) typischer Objekte.

In Anlehnung an BOWERMAN (1975) weisen KUCZAJ & GREENBERG (vgl.: 1982,290-291) jedoch darauf hin, daß mit der Konzeption eines abstrakten Prototypen, der in komprimierter Form die häufigsten gemeinsamen Eigenschaften der Begriffskategorie 'enthält', sowie dem damit verbundenen (prozessualen) Vergleichskriterium (die Anzahl der Merkmale, die ein Objekt in der äußeren Realität mit der mentalen Repräsentation des Prototypen gemeinsam hat) wesentliche Schwierigkeiten verbunden sind. So bleibt unklar, welche Stellung die einzelnen prototypischen Eigenschaften innerhalb des abstrakten Idealtypus einnehmen. Sind alle Eigenschaften im Rahmen konzeptueller Klassifizierungs- bzw. sprachlicher Benennungsprozesse gleichermaßen essentiell? E.E.SMITH, SHOBEN & RIPS (1974) vertreten in diesem Zusammenhang die Auffassung, daß einige Eigenschaften bei der Klassifizierung von Objekten besonders bedeutsam sind, da sie 'akzentuiert' Mitglieder und Nicht-Mitgliedern einer begrifflichen Kategorie unterscheiden. Diese Eigenschaften nehmen auch innerhalb der prototypischen Repräsentation eine exponierte Stellung ein:

"We believe a solution to this problem is to think of a continuum along which some features will be more defining or essential aspects of a word's meaning, while others will be more accidental or characteristic features. To illustrate our assumption, which we will call the 'characteristic feature assumption', consider the word 'robin'. Among the facts that an individual may know about this category are that robins are bipeds, have wings, have distinctive colors, and also that they perch in trees and are undomesticated. We propose that for most individuals, the first three of these features are considered more defining for the concept 'robin' than are the last two, though an individual may be uncertain about which of these are strictly necessary 'robin' features." (1974,216-217)

Diese (möglicherweise) unterschiedliche Zentralität einzelner Objekteigenschaften (differential centrality of attributes) wird in ANGLINs Modell (1977) nicht berücksichtigt. Daraus ergeben sich negative Konsequenzen im Bereich konzeptueller Klassifizierungsprozesse. Wenn nämlich alle Eigenschaften gleichermaßen wichtig sind, um Mitglieder von Nicht-Mitgliedern einer Begriffskategorie zu unterscheiden, dann müssen sie auch in ihrer Gesamtheit in den Klassifizierungsprozess eingehen. Es muß also 'ständig' überprüft werden, ob ein wahrgenommenes Objekt im Bezug auf seine komplexe Eigenschaftsstruktur mit dem Prototypen zu vereinbaren ist. ROSCH et al. (1976; vgl.: MERVIS & ROSCH, 1981,91) haben nun aber einen Repräsentationsmodus vorgeschlagen, der (aus der Perspektive der prozessualen Ökonomie) weitaus besser geeignet ist, um den Prozeß der konzeptuellen Klassifizierung zu erfassen. Demnach enthalten begriffliche Kategorien (bzw. Wortbedeutungen) informationsreiche 'Bündel' von perzeptuellen und funktionalen Eigenschaften (corre-lative attribute cluster), die mit großer Wahrscheinlichkeit eine sichere Klassifizierung und Benennung des wahrgenommenen Objektes gewährleisten. Diese korrelativen Eigenschaftsbündel sind jedoch nicht summativ aufgelistet, sondern weisen eine interne Struktur auf, die durch die 'natürliche Ordnung' der äußeren Wirklichkeit vorgegeben wird. Dies läßt sich an einem recht einfachen Beispiel demonstrieren. So könnte man einen Teilbereich der übergeordneten Begriffskategorie 'Tier' mit den exemplarisch ausgewählten Eigen-schaften 'Körperbedeckung' (Fell bzw. Gefieder), 'orale Öffnung' (Maul bzw. Schnabel) und 'primärer Bewegungsmodus' (fliegend bzw. laufend) beschreiben. Bei einer willkürlichen Auflistung dieser sechs Eigenschaften würden sich nun acht verschiedene 'Tierarten' ergeben (vgl.: MERVIS & ROSCH, 1981,91):

(A) Tiere mit Fell und Maul, die sich
   (1) hauptsächlich laufend fortbewegen
   (2) hauptsächlich fliegend fortbewegen
(B) Tiere mit Fell und Schnabel, die sich
   (1) hauptsächlich laufend fortbewegen
   (2) hauptsächlich fliegend fortbewegen
(C) Tiere mit Federn und Maul, die sich
   (1) hauptsächlich laufend fortbewegen
   (2) hauptsächlich fliegend fortbewegen
(D) Tiere mit Federn und Schnabel, die sich
   (1) hauptsächlich laufend fortbewegen
   (2) hauptsächlich fliegend fortbewegen

Von diesen acht theoretisch möglichen Eigenschaftskombinationen treffen allerdings nur zwei (A1 und D2) auf einen Großteil von Mitgliedern der Begriffskategorie zu. Zwei weitere (B1 und D1) erfassen einige atypische Mitglieder (Schnabeltier oder Emu), die restlichen Kombinationen entsprechen nicht der Realität. Einige Eigenschaften treten demnach mit hoher Wahrscheinlichkeit gemein-sam auf, während andere grundsätzlich unvereinbar sind. Tiere mit Federn haben mit hoher Wahrscheinlichkeit auch einen Schnabel und Flügel, während Tiere mit Fell diese spezifischen Eigenschaften mit hoher Wahrscheinlichkeit nicht aufweisen. Man kann also davon ausgehen, daß bei der Klassifizierung bzw. Benennung von Objekten nicht generell die Gesamtheit der verfügbaren prototypischen Eigenschaften berücksichtigt werden muß. Objekte in der äußeren Realität könnten stattdessen auf der Basis eines Wahrscheinlichkeitsurteils klassifiziert werden, das durch holistische Ähnlichkeitsvergleiche über 'natürlich organisierte' korrelative Eigenschaftsbündel zustande kommt. Prototypische Objekte können also besonders schnell bzw. sicher als Mitglieder einer begrifflichen Kategorie identifiziert werden, da sie bezüglich der korrelativen Eigenschaftsstruktur eine große Ähnlichkeit mit dem Idealtypus aufweisen. Atypische Objekte enthalten dagegen Eigenschaften aus der korrelativen Struktur benachbarter Kategorien und werden dementsprechend später klassifiziert.

KUCZAJ & GREENBERG (vgl: 1982,297-307) haben ein Modell der Wortbedeutungsentwicklung entworfen, das sich sowohl von der Konzeption des 'abstrakten' Prototypen (ANGLIN, 1977), als auch von der Theorie korrelativer Merkmalsbündel (ROSCH et al., 1976; MERVIS & ROSCH, 1981) unterscheidet. Demnach involvieren konzeptuelle oder semantische Entwicklungsprozesse nicht etwa holistische Repräsentationen abstrakter Prototypen und/oder analytische bzw. probabilistische Abstraktions- und Vergleichsstrategien, sondern ganzheitliche Repräsentationen von spezifischen Mitgliedern einer Kategorie, sowie (a) holistische Klassifizierungsurteile über die Mitgliedschaft eines Objektes zu einer Begriffskategorie und (b) analytisch-intrakategoriale Urteile über den Typikalitätsgrad der einzelnen Mitglieder einer konzeptuellen Einheit.

Ein Objekt, welches in Verbindung mit einem sprachlichen Zeichen wahrgenommen wird, geht in Form einer ganzheitlichen und (weitgehend) unanalysierten Repräsentation in das Gedächtnis des Kindes ein. Es stellt dort den prototypischen Bezugspunkt dar, mit dem ähnliche Objekte in der äußeren Realität verglichen werden. Dabei ist das wesentliche Vergleichs- und Klassifizierungskriterium die ganzheitliche Übereinstimmung des Objektes mit der mentalen Repräsentation des prototypischen Vorbildes ('goodness of fit' criterion). Unbekannte Objekte werden also auf der Grundlage ihrer spezifischen Ähnlichkeit mit dem Prototypen klassifiziert (d.h. nicht 'Merkmal für Merkmal' mit dem gespeicherten Prototypen verglichen). Im Rahmen dieser Urteilsprozesse können allerdings bestimmte unwesentliche funktionale oder perzeptuelle Eigenschaften in den Vordergrund treten, sodaß die kindlichen Begriffe (Wortbedeutungen in dieser Entwicklungsphase entweder überdiskriminiert oder übergeneralisiert werden. Wenn ein Kind zum Beispiel aus der Erfahrung mit einem Schäferhund den Begriff 'Hund' bildet, könnte es aufgrund des ganzheitlichen perzeptuellen Eindrucks auch ein Schaf als Mitglied dieser Begriffskategorie akzeptieren und einen Dackel als Mitglied ausschließen. Das Kind würde also in diesem Fall Schafe als Referenten des Wortes 'Hund' akzeptieren und die Wortbedeutung somit übergeneralisieren, Dackel dagegen nicht und die Bedeutung in dieser Hinsicht überdiskriminieren. Der Erfahrungszuwachs mit mehr oder weniger ähnlichen Objekten in der äußeren Realität führt jedoch rasch zu einem Bedeutungswandel. Neue Mitglieder werden in die begriffliche Kategorie aufgenommen und entsprechend ihrer spezifischen Typikalität integriert. Auf diese Weise entstehen vage begriffliche Grenzen, d.h. atypische Objekte mit wenigen prototypischen Eigenschaften werden korrekt als Mitglieder der Begriffskategorie identifiziert und Nicht-Mitglieder, die ursprünglich aufgrund einiger gemeinsamer Eigenschaften der Kategorie zugeordnet wurden, werden ausgegrenzt.

Welche Prozesse sind nun an der Ausdifferenzierung der kindlichen Begriffe und Wortbedeutungen beteiligt? KUCZAJ & GREENBERG (vgl.: 1982,299) gehen davon aus, daß die Vervollkommnung prototypischer Begriffsstrukturen im wesentlichen durch a) den Erfahrungszuwachs mit unterschiedlichen Objekten in der äußeren Wirklichkeit und b) Feedback-Informationen über zurückliegende Klassifizierungsurteile determiniert wird.

Ein Kind benötigt vielfältige Erfahrungen mit (potentiellen) Mitgliedern bzw. Referenten, um die (vagen) Grenzbereiche einer begrifflichen Kategorie zu stabilisieren. Je größer nämlich die Erfahrungsgrundlage ist, desto umfassender und konstruktiver können weniger typische Objekte mit dem jeweiligen Prototypen verglichen werden. Zunächst sind die Erfahrungen des Kindes (noch) begrenzt. Potentielle Mitglieder bzw. Referenten werden überwiegend auf der Grundlage ihrer ganzheitlichen perzeptuellen Ähnlichkeit mit dem Prototypen verglichen. Diese Strategie führt allerdings häufig zu Übergeneralisierungs- bzw. Überdiskriminationsfehlern. Beispielsweise sind Schäferhunde und Schafe im Hinblick auf ihre ganzheitliche perzeptuelle Ähnlichkeit weitaus enger miteinander verwandt als Schäferhunde und Pekinesen. Ein Kind, das die Bedeutung des Wortes 'Hund' ursprünglich auf der Erfahrungsgrundlage mit einem oder mehreren Schäferhund(en) erworben hat, wird also möglicherweise auch Schafe mit diesem Wort benennen. Pekinesen wird es dagegen ausschließen. Schäferhunde und Schafe sind jedoch lediglich im Bezug auf ihren 'oberflächlichen' perzeptuellen Gesamteindruck ähnlich. Im Hinblick auf primäre funktionale Eigenschaften lassen sich grundsätzliche Unterschiede erkennen. So unterscheidet sich das Verhalten von Schafen bzw. der Umgang mit Schafen grundsätzlich vom Verhalten von bzw. Umgang mit Hunden (d.h. Schäferhunden und Pekinesen). Perzeptuelle Ähnlichkeitsurteile könnten also im Laufe semantischer bzw. konzeptueller Entwicklungsprozesse durch funktionale Ähnlichkeitsurteile ergänzt oder ersetzt werden.

Die Vervollkommnung der kindlichen Begriffe bzw. Wortbedeutungen wird zudem durch Feedback-Informationen unterstützt. Dabei können implizite und expizite Feedbacks erfolgen. Implizite Feedbacks beziehen sich auf die Benennungsgewohnheiten der Erwachsenen. Ein Kind, das Schäferhunde und Schafe dem Wort 'Hund' zuordnet, kann anhand der Erwachsenensprache erkennen, daß Schafe außerhalb der konventionellen Extension des Wortes liegen. Es entsteht also ein 'kognitiver Konflikt', der zu einer Umstrukturierung des intensionalen Wissens führt. Explizite Feedbacks beziehen sich dagegen auf positive oder negative Rückmeldungen, die dem Kind in Form von Bestätigungen oder Korrekturen entgegengebracht werden.

KUCZAJ & GREENBERG (vgl: 1982,301-304) vertreten nun außerdem die
Auffassung, daß die frühen Wortbedeutungen (Begriffe) des Kindes
nicht mittels kognitiver Umstrukturierungs- bzw. Analyseprozesse
in abstrake prototypische Repräsentationen umgewandelt werden. Es
werden keine zentralen Tendenzen gebildet, die im Sinne komplexer
Merkmalskonfigurationen das extensionale Spektrum festlegen. Die
holistische Grundstruktur prototypischer Repräsentationen bleibt
stattdessen erhalten, d.h. die unterschiedlichen Mitglieder einer
begrifflichen Kategorie werden gemäß ihrer spezifischen Typikalität exemplarisch gespeichert. Aus prozessualer Perspektive folgt
daraus, daß sich die konzeptuellen Klassifizierungsstrategien von
Kindern und Erwachsenen nicht grundlegend unterscheiden. Kinder
und Erwachsene identifizieren und benennen potentielle Mitglieder
einer Kategorie (bzw. Referenten eines Wortes) auf der Grundlage
eines holistischen Ähnlichkeitsvergleichs:
"We would like to argue ... that it is not the case that only
young children engage in holistic-concept-formation process, but
that, to the contrary, holistic concepts are the prototypic
object-class concepts for both adults and children." (1982,301)

Typikalität als übergreifendes Organisationsprinzip einer holistischen Grundstruktur setzt allerdings auch voraus, daß die als
Mitglieder einer begrifflichen Kategorie identifizierten Objekte
im Hinblick auf ihre spezifische intrakategoriale Ähnlichkeit organisiert werden. Hierzu werden analytische Fähigkeiten benötigt.
Während also die Zuordnung eines Objektes zu einer Begriffskategorie im wesentlichen über holistische Ähnlichkeitsvergleiche erfolgt, sind an der 'konzeptuellen Strukturierung', d.h. der Ein-
schätzung welchen Ähnlichkeitsgrad das Objekt im Vergleich zu dem
Prototypen aufweist, überwiegend analytische Prozesse beteiligt:

"We are arguing, then, that the representations used in object-
class concepts are holistic in nature, such that representations
of individual instances are involved. However, the concept structure involves analytic processing, and the relation of prototypic
and nonprototypic instances to one another will be determined by
the similarity (perceptual/functional) the instances have to one
another. Such similarity decisions rest on nonholistic (i.e. analytic) processes. Although identity decisions may rest on holistic processing, similarity decisions necessitate some sort of
analytic processing." (KUCZAJ & GREENBERG, 1982,303)

Einige Autoren weisen in diesem Zusammenhang darauf hin, daß die
analytischen Fähigkeiten des Kindes (beispielsweise die Fähigkeit
der isolierenden Abstraktion von Eigenschaften) weitaus geringer
sind als die des Erwachsenen (vgl: GIBSON, 1969; MANSFIELD, 1977;
BROOKS, 1978; SHEPP, 1978). Man kann deshalb annehmen, daß Kinder
zwar einerseits einzelne Objekte auf der Basis eines holistischen
Ähnlichkeitsurteils klassifizieren können, andererseits diese Objekte jedoch nicht in eine konzeptuelle Ähnlichkeitshierarchie
integrieren, sondern als Beispiele für den entsprechenden Begriff
nebeneinander aufführen. Erst wenn mit zunehmender Erfahrung bzw.
kontinuierlichem Feedback intrakategoriale Ähnlichkeiten entdeckt
werden, d.h. die holistischen Repräsentationen einer analytischen

56

Vergleichsprozedur unterzogen und gemäß ihrer spezifischen Ähnlichkeit gruppiert werden, entstehen Begriffsstrukturen, die eine adäquate Klassifizierungs- und Benennungseffizienz gewährleisten. Der konzeptuellen Identifikation folgt also auf einer höheren Entwicklungsebene die konzeptuelle Integration.

Die Repräsentativität der Kategorienmitglieder, die als Ausgangspunkt der bisher behandelten Entwicklungskonzeptionen (bzw. theoretischen) Ansätze angesehen werden kann, stellt jedoch nicht die einzige Variable dar, die den Ablauf konzeptueller (semantischer) Entwicklungsprozesse determiniert. Wie eingangs bereits erwähnt (vgl: 1.3.1.), ist das konzeptuelle Abstraktionsniveau von ebenso großer Bedeutung. Dabei läßt sich bezüglich dieser Entwicklungsvariable (nach dem gegenwärtigen Stand der Forschung) eine prinzipielle Übereinstimmung darüber erkennen, daß Begriffe anfänglich auf dem Basisobjektniveau erworben und erst von dort aus auf subordinierte bzw. superordinierte Abstraktionsebenen übertragen werden. Wörter wie 'Hund' oder 'Vogel' werden demzufolge vor den superordinierten Wörtern 'Lebewesen' oder 'Tier', bzw. den subordinierten Wörtern 'Pudel' oder 'Schwalbe' erworben (vgl. hierzu: ROSCH et al 1976; ANGLIN, 1977; DOUGHERTY, 1978; DAEHLER, LONARDO & BUKATKO, 1979; MERVIS & PANI, 1980; MERVIS & CRISAFI, 1982).

Es bestehen allerdings einige unterschiedliche Auffassungen über die Ursachen dieses Entwicklungsphänomens. So führt ANGLIN (1977) die Ausnahmestellung des Basisobjektniveaus hauptsächlich auf das Benennungsverhalten der Eltern (naming practices) zurück. Eltern benennen demnach Objekte in der Gegenwart ihrer Kinder auf einem Abstraktionsniveau, welches dem Kriterium der 'verhaltensmäßigen Angemessenheit' (behavioral equivalence) entspricht. Zum Beispiel braucht ein 3-jähriges Kind nicht zu wissen, daß es verschiedene Apfelsorten mit spezifischen Bezeichnungen gibt (Golden Delicious oder Granny Smith etc.), um seiner Entwicklungsstufe entsprechend handeln zu können. Es muß zunächst lediglich wissen, daß es Äpfel gibt, daß man sie essen kann, daß sie vor dem Verzehr abgewaschen oder geschält werden, etc. Erst später, wenn sich das Handlungsspektrum des Kindes vergrößert (wenn es beispielsweise Äpfel einkaufen soll), sind Benennungen auf höheren oder tieferen Abstraktionsebenen erforderlich. Wörter für Basisobjektkategorien werden also deshalb früher erworben, weil sie aus der Sicht der Eltern dem Verhalten ihrer Kinder besser entsprechen als super- und subordinierte Wörter und als Konsequenz häufiger benutzt werden.

MERVIS & ROSCH (vgl: 1981,92-93) nehmen dagegen an, daß der frühe Erwerb von Basisobjektkategorien auf den hohen Informationswert (information value) dieser Abstraktionsebene zurückzuführen ist. Begriffe auf dem Basisobjektniveau maximieren aufgrund ihrer eindeutigen Informations- bzw. Eigenschaftsstruktur intrakategoriale Ähnlichkeiten und interkategoriale Gegensätze (vgl.: 1.3.1.). Das Objekt 'Stuhl' kann schneller (und sicherer) der Basisobjektkategorie 'Stuhl' zugeordnet werden als der übergeordneten Kategorie 'Möbel' und der untergeordneten Kategorie 'Liegestuhl', weil die

Basisobjektkategorie eine eindeutige Identifizierung von Stühlen und 'Nicht-Stühlen' ermöglicht. Auf über- und untergeordneten Abstraktionsniveaus ist eine ebenso schnelle bzw. sichere Zuordnung dagegen nicht möglich. Wörter für Basisobjektkategorien werden demnach deshalb früher erworben, weil sie aus der Perspektive der Kinder eine hohe Klassifizierungseffizienz gewährleisten bzw. mit einer geringen Fehlerquote beim Klassifizieren und Benennen von Objekten verbunden sind.

1.3.3. Bemerkungen

Aus der Perspektive der Prototypenkonzeption sind die auffälligen Phänomene der Überdiskrimination und Übergeneralisierung auf eine unzureichende Ausdifferenzierung der kindlichen Wortbedeutungen in den peripheren Grenzbereichen zurückzuführen. Kinder verbinden zunächst überwiegend Informationen über prototypische Referenten mit einem Wort und schließen weniger typische (atypische) Objekte als mögliche Referenten aus (bzw. ordnen einige Nicht-Referenten aufgrund von irrelevanten Ähnlichkeiten dem Referenzbereich des jeweiligen Wortes zu). Im weiteren Verlauf der Wortbedeutungsentwicklung wird das referentielle Spektrum dann graduell erweitert: Die anfänglichen Wortbedeutungen werden durch Informationen über weniger typische und atypische Referenten vervollständigt und auf diese Weise den Konventionen der Erwachsenensprache angepaßt. Dabei nehmen Urteile über die Ähnlichkeit des jeweiligen Referenzobjektes zum prototypischen Vorbild eine zentrale Stellung ein.

Obwohl nun die meisten Vertreter der Prototypenkonzeption davon ausgehen, daß die Vervollkommnung der kindlichen Wortbedeutungen prinzipiell über Ähnlichkeitsurteile erfolgt, unterscheiden sich die Auffassungen darüber, ob die Identifizierung von potentiellen Referenzobjekten auf der Grundlage ihrer ganzheitlichen Übereinstimmung mit dem Prototypen (holistic information processing), oder auf der Basis eines sukzessiv-analytischen Vergleiches ihrer spezifischen Eigenschaften mit der prototypischen Informationsstruktur (analytic/componential information processing) bestimmt wird. Es besteht zwar ein allgemeiner Konsens, daß potentielle Referenzobjekte in den Anfangsstadien der Wortbedeutungsentwicklung bzw. Begriffsbildung überwiegend mittels holistischer Informationsverarbeitungsprozesse klassifiziert werden, da die entsprechenden analytischen Fähigkeiten (vermutlich) noch nicht ausreichend entwickelt sind; ob bzw. in welchem Ausmaß jedoch überhaupt a) analytische Informationsverarbeitungsprozesse zur Klassifizierung bzw. Benennung eines Objektes benötigt werden, b) holistische Prozesse im Verlauf der Entwicklung durch analytische Verfahren ersetzt werden, oder c) holistische Prozesse eventuell später durch analytische Strategien (back-up procedures) unterstützt werden, ist nach dem gegenwärtigen Forschungsstand noch weitgehend ungeklärt (vgl.: MERVIS & ROSCH, 1981; KEMLER, 1983; MEDIN & SMITH, 1984).

Wahrscheinlich entscheiden zumindest drei interdependente Faktoren über den Informationsverarbeitungsmodus, der bei Klassifizierungsurteilen aktiviert wird: 1) die Struktur der wahrgenommenen Objekteigenschaften, 2) die situativen Anforderungen, bzw. 3) das individuelle Entwicklungs- bzw. Erfahrungsniveau.

Nach GARNER (vgl.: 1978,100-133) übt die spezifische Struktur der wahrgenommenen Objekteigenschaften einen großen Einfluß auf den Informationsverarbeitungsmodus aus. So können grundsätzlich zwei Typen von Eigenschaftsstrukturen unterschieden werden. Der erste Typus umfaßt diejenigen Objekteigenschaften, die eine integrative Ganzheit (integral attributes) bilden und die perzeptuell nur bedingt voneinander zu trennen sind. Hierzu gehören beispielsweise die Farbeigenschaften 'Sättigung' und 'Helligkeit'. Jede Veränderung einer dieser Eigenschaften bewirkt eine Veränderung des gesamten Systems (i.e. der betreffenden Farbe). Deshalb erfolgt die Klassifizierung integrativer Eigenschaftsstrukturen auf der Basis eines holistischen Ähnlichkeitsurteils, d.h. es wird geschätzt, 'wie gut das neue Objekt zu dem prototypischen Vorbild paßt'. Der zweite Typus umfaßt dagegen sämtliche Objekteigenschaften, die im Sinne einer Akkumulation zusammengefaßt sind und die sich wahrnehmungsmäßig leicht voneinander trennen lassen (separable attributes). Zu diesem Typus gehören beispielsweise die Eigenschaften 'Größe' und 'Form'. Die Klassifizierung dieser Eigenschaftsstrukturen wird durch ein analytisches Ähnlichkeitsurteil festgelegt, d.h. es wird geschätzt in welchem Ausmaß das neue Objekt spezifische Eigenschaften mit dem prototypischen Vorbild teilt.

Die strukturelle Gegenüberstellung von integrativen und trennbaren Objekteigenschaft könnte jedoch als Erklärungsansatz nicht ausreichen, um der Komplexität menschlicher Informationsverarbeitungsprozesse gerecht zu werden. So vertreten KEMLER & L.B.SMITH (vgl.: 1978, 498-507) die Auffassung, daß eigentlich zwei Gruppen von integrativen Eigenschaftstrukturen zu unterscheiden sind. Auf der einen Seite stehen integrative Strukturen, die ausschließlich holistisch verarbeitet werden können. Auf der anderen Seite sind dagegen auch solche (integrativen) Strukturen zu nennen, die zwar bevorzugt holistisch verarbeitet werden, aber auch als trennbare Eigenschaften aufgefaßt werden können, wenn es die jeweilige Situation erfordert. Die Aktivierung eines spezifischen Verarbeitungsmodus ist also vermutlich nicht nur von der Struktur der Objektinformationen abhängig, sondern auch von den situativen Anforderungen und den daraus resultierenden individuell bevorzugten Verarbeitungsstrategien. Dabei unterscheiden sich offenbar die Verarbeitungsstrategien der Kinder von denen der Erwachsenen. So bevorzugen Kinder selbst dann holistische Verarbeitungsprozesse, wenn die Objektinformationen aus der Perspektive der Erwachsenen trennbar sind. Kinder sind zwar grundsätzlich fähig, einzelne Eigenschaften aus der gesamten Wahrnehmungskonfiguration zu isolieren, sie klassifizieren allerdings überwiegend auf der Grundlage holistischer Verarbeitungsprozesse (vgl: L.B.SMITH,1981,811-824).

Diese Ausführungen weisen auf ein Hauptproblem der gegenwärtigen Forschung hin. Semantische bzw. konzeptuelle Entwicklungsmodelle müssen einerseits flexibel genug sein, um analytische und holistische Verarbeitungsprozesse bei der Identifizierung potentieller Referenten bzw. Mitglieder einer Kategorie zuzulassen, sie müssen andererseits aber auch erklären können a) unter welchen Bedingungen die Ähnlichkeit eines Objektes holistisch oder analytisch bestimmt wird und b) aus welchen Gründen sich die Verarbeitungsstrategien von Kindern und Erwachsenen in bestimmten Situationen unterscheiden. Diese Problematik ist eng mit der sehr schwierigen Frage der begrifflichen Repräsentation verbunden. So heben ROSCH & LLOYD (1978,78) in diesem Zusammenhang hervor:
"What is required is a model of representation that allows for differing levels of analysis; at the minimum, we must allow for a type of representation that is sufficiently analyzed to be stored but not coded into criterial features."

Ein Entwicklungsmodell, das diesen semantisch-strukturellen und operativ-prozessualen Ansprüchen genügt, ist allerdings bisher noch nicht erstellt worden. Zudem mangelt es an einer umfassenden Lerntheorie, die den langwierigen Prozess der Ausdifferenzierung der kindlichen Wortbedeutungen (bzw. Begriffe) erklären kann:
"Given all this attention, it is surprising that there are so few theories or models for describing the learning process associated with mastering prototype concepts." (MEDIN & SMITH, 1984,129)

Kinder könnten im Laufe der Wortbedeutungsentwicklung sehr unterschiedliche Strategien anwenden, um prototypische Wortbedeutungen zu erwerben bzw. zu 'vervollkommnen'. Möglich wäre beispielsweise ein Erstellen und Testen von Hypothesen (etwa: sämtliche Objekte mit Flügeln, Federn und Schnabel sind Vögel) oder die Speicherung spezifischer Objekte im Gedächtnis, wobei jedes unbekannte Objekt auf der Grundlage eines holistischen Ähnlichkeitsurteils mit der Gedächtnisrepräsentation verglichen würde. Ebenso denkbar ist es, daß prototypische Wortbedeutungen im kontrastiven Vergleich verschiedener Objekte entstehen und dann mit zunehmender Differenzierungsfähigkeit erweitert werden. Dabei könnte der kontrastive Vergleich analytische und/oder holistische Ähnlichkeitsurteile beinhalten.

Allgemein läßt sich hierzu zunächst feststellen, daß theoretische Entscheidungen im Bereich der involvierten Lernprozesse und Strategien fundamentale Auswirkungen auf den Aspekt der mentalen Repräsentation von Begriffen bzw. Wortbedeutungen haben. So postulieren diejenigen Autoren, die überwiegend von non-analytischen Lernstrategien ausgehen, holistische Gedächtnisrepräsentationen im Sinne einer Speicherung einzelner, mehr oder weniger typischer Objekte (vgl. etwa: BROOKS, 1978,169-215; MEDIN & SCHAFFER, 1978, 207-238). Andere Autoren, die gleichzeitig analytische Lernstrategien zulassen, gehen dagegen von mentalen Repräsentationen aus, die trotz ihrer holistischen Grundstruktur auch abstrahierte Objektinformationen enthalten (vgl.: HOMA, STERLING & TREPEL, 1981, 418-439). Die entsprechende Diskussion wird zur Zeit weitergeführt (vgl. als Übersicht: ODEN, 1987).

Im folgenden soll nun insbesondere die Problematik der Ausdifferenzierung von Wortbedeutungen aufgegriffen und bezüglich der involvierten Lern- bzw. Entwicklungsprozesse untersucht werden. Dabei beschränkt sich das Interesse aus Gründen der theoretischen und empirischen Praktikabilität auf einen begrenzten Ausschnitt der Wortbedeutungsentwicklung des Kindes: die Bedeutungsentwicklung und mentale Repräsentation von Farbwörtern.

2. Farbe, Farblexikon und semantische Entwicklungsprozesse: Die Problematik der Bedeutungsentwicklung von Farbwörtern

> *"I carefully followed the mental development of my small children, and I was astonished to observe in two or, as I rather think, three of these children, soon after they had reached the age in which they knew the names of all the ordinary things that they appeared to be entirely incapable of giving the right names to the colors of a color etching. They could not name the colors, although I tried repeatedly to teach them the names of the colors. I remember quite clearly to have stated that they are color blind. But afterwards that turned out to be an ungrounded apprehension."* (CHARLES DARWIN (1877,376) zitiert nach: BORNSTEIN, 1985,74)

Farbwörter (colour terms) werden häufig zur Explikation semantischer Entwicklungsprozesse herangezogen, weil sie ein verhältnismäßig überschaubares lexikalisches Feld bilden und weil ein nahezu unerschöpfliches Potential an physikalischen, physiologischen, psychologischen und anthropologischen Erkenntnissen über die Farbwahrnehmung und Farb-Enkodierung des Menschen zur Verfügung steht. Einige Autoren greifen dieses lexikalische Teilgebiet auch deshalb auf, weil sie annehmen, auf diese Weise 'irrelevante Details' ausschließen zu können, die den Bedeutungserwerb anderer Wörter komplizieren (vgl. als Kritik: MILLER & JOHNSON-LAIRD, 1976,351). Dies hat in der jüngeren Vergangenheit jedoch dazu geführt, die Bedeutungsentwicklung von Farbwörtern als Paradebeispiel eines relativ einfachen referentiellen Assoziationsprozesses zu betrachten:

"Thus consider the learning of the word 'red'. Suppose the child happens to utter the word in the course of the random babbling that is standard procedure in small children, and suppose a red ball happens to be conspicuously present at the time. The parent rewards the child, perhaps only by somehow manifesting approval. Thus in a certain brief minute in the history of overall impingements on the child's sensory surfaces there were these features among others: there were light rays in the red frequencies, there were sound waves in the air and in the child's headbones caused by the child's own utterance of the word 'red', there were the impacts on the proprioceptors of the child's tongue and larynx occasioned by that utterance, and there were the impacts, whatever they were, that made the episode pleasant.. As a history of variously similar episodes accumulates, the traces compete and determine the net resultant drive as by the adding of vectors, or composition of forces." (QUINE, 1973,29)

Wenn die Bedeutungsentwicklung von Farbwörtern wirklich derart unkompliziert wäre, so müßte man auch erwarten können, daß Farbwörter bzw. Farbbedeutungen besonders früh erworben werden. Tatsächlich bedarf es aber zur stabilen und korrekten Benennung von Farben eines langwierigen Entwicklungsprozesses, der scheinbar in keiner Relation zu den perzeptuellen und linguistischen Fähigkeiten des Kindes steht. Diese Beobachtung ist in zahlreichen Abhandlungen dokumentiert worden und kann innerhalb der Sprachentwicklungspsychologie als 'klassisch' bezeichnet werden (DARWIN, 1877; BINET, 1890; PREYER, 1890; WINCH, 1909; BATEMAN, 1915; KOFFKA, 1927; LEOPOLD, 1939; SYNOLDS & PRONKO, 1949; VERNON, 1962; ISTOMINA, 1963; MILLER & JOHNSON-LAIRD, 1976; BARTLETT, 1976; CRUSE, 1977; CAREY, 1982; BORNSTEIN, 1985; ANDRICK & TAGER-FLUSBERG, 1986).

Farbe nimmt als Bewußtseinsqualität eine exponierte Stellung im Leben des Kindes ein und schon früh können Kinder Farbe von anderen Bewußtseinsqualitäten, wie etwa Form, Größe, Gewicht oder Materialbeschaffenheit unterscheiden. Zahlreiche Untersuchungen weisen zudem darauf hin, daß Kinder verschiedene Farben perzeptuell differenzieren und klassifizieren können (BORNSTEIN, 1975; BORNSTEIN, KESSEN & WEISKOPF, 1976; BORNSTEIN, 1976; BORNSTEIN & KESSEN, 1978), daß sie mehrere Farbwörter kennen und auf 'Farbfragen' häufig mit einem Farbwort antworten (ISTOMINA, 1960,1963; BARTLETT, 1976). Trotz dieser Fähigkeiten und Kenntnisse nimmt die verbale Enkodierung von Farben im Vergleich mit den anderen Bewußtseinsqualitäten einen auffallend langsamen Verlauf:

Kinder verwenden zu Beginn der Farbbedeutungsentwicklung häufig nur ein einziges Wort für alle Farben. Dieses Wort braucht jedoch nicht unbedingt ein Farbwort zu sein. ISTOMINA (vgl: 1963,41) hat zum Beispiel von zweijährigen Kindern berichtet, die verschiedene Farben mit den Wörtern 'klein', 'neu', oder 'sauer' bezeichneten. Der Gebrauch von Farbwörtern beschränkt sich in dieser Entwicklungsphase meist auf spezifische Kontexte (beispielsweise in Märchen: (Rotkäppchen); oder als Bestandteil konkreter, gegenstandsgebundener Ausdrücke: feuerrot, grasgrün, eigelb, etc.), in denen die eigentliche referentielle Farbbedeutung keine konstituierende Verständnisfunktion ausübt. Farbwörter werden also zunächst nicht als ein eigenständiges semantisch-lexikalisches Feld betrachtet und keinem spezifischen Referenzbereich zugeordnet.

In einem späteren Entwicklungsstadium, wenn das Kind Farbspektrum und Farblexikon zu koordinieren beginnt, werden wahrgenommene Farben dann scheinbar wahllos mit irgendwelchen bekannten Farbwörtern benannt. Das Kind antwortet nun zwar grundsätzlich auf eine 'Farbfrage' mit einem Farbwort, jedoch stimmt das gewählte Farbwort häufig nicht mit der Farbkategorie überein, die Erwachsene mit diesem Wort verbinden. Diese Befunde konnten von CRUSE (vgl: 1977,305-311) in einer Longitudinal-Untersuchung eines einzelnen Kindes im Alter von ein bis zwei Jahren, und von BARTLETT (vgl.: 1976,89-108) in einer empirischen Untersuchung mit 33 Kindern im Alter von 2.4 - 4.0 Jahren bestätigt werden. Zum Beispiel vermochte das von CRUSE (1977) betreute Kind bereits im Alter von einem Jahr und fünf Monaten verschiedene Farben perzeptuell zu unterscheiden, allerdings gebrauchte es die entsprechenden Farbwörter vollkommen beliebig. Im Alter von einem Jahr und acht Monaten konnte es Weiß und Schwarz korrekt, wenngleich auch übergeneralisiert benennen, später folgten ohne deutliche Rangfolge Rot Gelb, Grün und in einem etwas größeren Abstand Blau. Besondere Schwierigkeiten bereitete dem Kind offenbar die stabile Benennung der Farbe Violett. Im Alter von einem Jahr und elf Monaten vermochte es zwar die unterschiedliche Verwendung von Blau und Violett zu erlernen, hatte sie aber nach etwa zwanzig Minuten wieder vergessen und Violett wieder dem referentiellen Spektrum des Wortes 'blau' zugeordnet (vgl. hierzu: HOLENSTEIN, 1985,38).

Aus dieser Einzelbeobachtung kann jedoch nicht ohne weiteres geschlossen werden, daß Wörter für die vier Grundfarben und für die achromatische Schwarz-Weiß-Unterscheidung vor allen anderen Farbwörtern erworben werden. MILLER & JOHNSON-LAIRD (vgl.: 1976,354) berichten in Anlehnung an BARTLETT (1976) von einem Kind im Alter von 3.3 Jahren , das zunächst nur die Farben Orange, Violett und Schwarz korrekt bezeichnete. Schon zwei Wochen später konnte es nahezu 'fehlerfrei' Orange, Blau, Rot, Schwarz, Grün, sowie Weiß benennen, während es Violett erstaunlicherweise überhaupt nicht mehr kannte. Nach weiteren fünf Wochen wurden Schwarz, Blau, Rot, Grün und Weiß adäquat bezeichnet, Violett und Gelb dagegen nicht. Erst nach einem zweimonatigen intensiven 'Farbworttraining' hatte das Kind die von BERLIN & KAY (1969) vorgeschlagenen elf Grundfarbwörter (basic color terms) rot, blau, gelb, grün, rosa, grau, violett, orange, braun, schwarz und weiß vollständig erworben.

Gegen die Schlußfolgerung, daß die Bezeichnungen der Grundfarben ontogenetisch früher auftreten, spricht auch eine Fallstudie, die KOFFKA (1925/66) veröffentlicht hat. Einem Kind im Alter von 2.8 Jahren wurden dabei rote und grüne Wollsträhnchen (Holmgrensche Proben) zur Benennung vorgelegt. Diese Aufgabe konnte das Mädchen zunächst problemlos und fehlerfrei lösen. Sobald man nun aber ein gelbes Wollsträhnchen hinzulegte, wurden Gelb und Grün ständig verwechselt. Wenn man das gelbe Strähnchen wieder fortnahm, wurde alles wieder richtig bezeichnet, legte man es wieder hinzu, begannen auch die Fehler von neuem. Legte man schließlich das grüne Wollsträhnchen fort, ergaben sich 100% Fehler bei der Benennung, denn Gelb wurde grundsätzlich mit dem Farbwort 'grün' bezeichnet. Ein anschließender nonverbaler Zuordnungstest, in dem ein vorgezeigtes Strähnchen aus einem Haufen mit je drei roten, gelben und grünen herauszuholen war, ergab wiederum keine Fehler, obwohl die Benennung von Grün und Gelb vorher noch komplette Verwechslungen ergab. Der Erwerb der zwei Grundfarbwörter 'gelb' und 'grün' wurde also von ähnlichen Problemen begleitet, wie die Aneignung der anderen Farbwörter (vgl.: 1925/66,202).

Aus diachronisch-quantitativer Perspektive läßt sich feststellen, daß Farbwörter erst relativ spät – irgendwann zwischen vier und sieben Jahren – eine dem Erwachsenensystem entsprechende Bedeutung erhalten (MERVIS, CATLIN & ROSCH, 1975; RASKIN, BORNSTEIN & MAITAL, 1983). Jedenfalls scheint das Alter von vier Jahren den frühesten Zeitpunkt für eine korrekte und stabile Benennung von Farben darzustellen (ANYAN & QUILLAN, 1971; CONRAD, 1972; KARPF, GROSS & SMALL, 1974). Erst nach einem Alter von etwa 3.5 Jahren steigt die Zuwachsrate von adäquat enkodierten Farben an (vgl.: JOHNSON, 1977,308-311). So konnten nur 38% der von JOHNSON (1977) getesteten 2.6-jährigen Kinder vier Farben adäquat benennen; bei den dreijährigen waren es 50% und bei den 3.3-jährigen 56%. Demgegenüber vermochten 71% der Kinder im Alter von 3.6 Jahren, 72% der vierjährigen und 79% der 4.3-jährigen vier Farben korrekt zu benennen. BARTLETT (1976) stellte darüberhinaus fest, daß Kinder erst dann stabil und sicher Farbwörter verwenden, wenn sie mindestens vier Farben korrekt benennen können. Solange sie über weniger als vier Farbbedeutungen verfügen, werden bekannte Farbwörter fortlaufend übergeneralisiert bzw. überdiskriminiert.

HOLENSTEIN (vgl.: 1985,38) berichtet in diesem Zusammenhang von Kindern, die Gelb, Orange und Rot mit dem Farbwort 'rot' benannten, Grün, Hell- und Dunkelblau, sowie Violett dagegen als 'grün' bezeichneten. Andere Kinder 'beherrschten' ein Farbwort für Gelb, Rot und Orange, ohne gleichzeitig ein Wort für die anderen Farben zu kennen. BORNSTEIN (vgl.: 1985,77) nennt sogar einen Fall, in dem ein Kind trotz der neurophysiologischen Inkompatibilität von Blau und Gelb ein Farbwort für diese zwei Komplementärfarben benutzte. Im Rahmen meiner Untersuchungen bezeichnete ein Junge im Alter von 4.2 Jahren ausschließlich Feuerrot und Karminrot mit dem Farbwort 'rot', alle anderen Rotnuancen (Purpurrot, Rubinrot, Himbeerrot, Erdbeerrot, u.a.) dagegen nicht. Ein 5.6 Jahre altes Mädchen versah Erikaviolett mit dem Farbwort 'rosa', das dunklere Bordeauxviolett dagegen mit 'lila', obwohl es beim nonverbalen Zuordnungstest beide Farben einer gemeinsamen Kategorie (lila) zugeordnet hatte.

Diese Ausführungen verdeutlichen, daß die Entwicklung des kindlichen Farbwortschatzes nicht im Sinne eines Assoziationsprozesses dargestellt werden kann. Das Kind verfügt zwar über sämtliche Fähigkeiten, die zu einem derartigen Lernprozess 'benötigt' werden (es kennt einige Farbwörter und kann verschiedene Farben voneinander unterscheiden), eine umfassende Koordination dieser Fähigkeiten tritt jedoch erst relativ ein. Man kann deshalb davon ausgehen, daß andere Faktoren die Bedeutungsentwicklung von Farbwörtern determinieren. MILLER & JOHNSON-LAIRD (1976,351) nennen in diesem Zusammenhang folgende:

"On the conceptual side there seem to be three basic aspects that a child must appreciate: a) he must make the appropriate abstraction of color from other attributes of visual experience; b) he must establish certain landmark colors; and c) he must learn to locate all colors with respect to those landmarks. On the linguistic side there seem to be three kinds of conventions that the child must learn: a) he must learn specific uses of color terms in particular contexts; b) he must isolate the color terms from other words as a contrastive set; and c) he must learn the referential values of each term."

Das Problem der Farbbedeutungsentwicklung kann also nur dann gelöst werden, wenn Erkenntnisse über die Wahrnehmung von Farben, die konzeptuelle Klassifizierung des Farbspektrums, die lexikalische Struktur und mentale Repräsentation des Farbvokabulars und die Koordination sprachspezifischer und nicht-sprachspezifischer Fähigkeiten berücksichtigt und im Rahmen eines umfassenden kognitiven Entwicklungsmodells integriert werden. Dieser Weg soll hier beschritten werden.

2.1. Farbspektrum und Segmentierung der äußeren Realität: Die Nicht-Arbitrarität von Farbkategorien

> *The lexicon of a language is, to a degree but not wholly, a mirror of its speaker's attitudes and ideas. A mirror reflects. It does not determine; it does not hold prisoners.*
> (ELAINE CHAIKA, 1982,223)

Das Farbspektrum galt in der ersten Hälfte dieses Jahrhunderts neben der Verwandtschaftsterminologie und verschiedenen ethnobiologischen Taxonomien als Paradebeispiel für die willkürliche Segmentierbarkeit der äußeren Realität und noch bis weit in die sechziger Jahre hinein finden sich Arbeiten, die diese relativistische Auffassung unterstützen (DeSAUSSURE, 1916; SAPIR, 1929; WHORF, 1940/56; BROWN & LENNEBERG, 1954; GLEASON, 1961; LEACH, 1964; STEFFLRE, CASTILLO VALES & MORLEY, 1966; LENNEBERG, 1967). Die Gründe hierfür sind leicht zu verstehen: Obwohl das menschliche Auge entlang der drei Dimensionen Farbton, Helligkeit und Sättigung über sieben Millionen Farbnuancen zu unterscheiden vermag, enthalten die Sprachen dieser Welt nur eine begrenzte und zudem unterschiedlich große Anzahl von Farbwörtern. Während beispielsweise von den Dugum Dani, einem 'Steinzeitvolk' auf Neu-Guinea berichtet wird, daß sie nur zwei Farbworte kennen (HEIDER, 1971), listen spezielle Farbwörterbücher im Englischen 3000 verschiedene Bezeichnungen auf (MAERZ & PAUL, 1930). Es liegt also die Vermutung nahe, daß die verschiedenen Sprachen dem scheinbar amorphen chromatischen Spektrum durch die in ihnen enkodierten Weltbilder bzw. Konventionen vollkommen unterschiedliche Strukturen auferlegen. Man könnte sogar annehmen, daß der Mensch - durch seine jeweilige Sprache geprägt - auch außerhalb sprachlicher Benennungsprozesse das Farbspektrum so unterteilt, wie er es innerhalb der Sprachentwicklung gelernt hat. Die Position des sprachlichen Relativismus würde auf diese Weise in einen sprachlichen Determinismus (SAPIR-WHORF Hypthese) überführt. Eine entsprechende Formulierung dieser Annahme findet sich bei BOHANNAN (1963):

"Language (or art) is the mold into which perception must be fitted if it is to be communicated. Any single language imprints its own 'genius' on the message... Probably the most popular, because it is the most vivid, example for describing the cultural categories that the necessity to communicate creates in human perception is to compare the ways in which different peoples cut up color into communicable units. The spectrum is a continuum of light waves, with frequencies that (when measured in length) increase at a continuous rate... But the way different cultures organize these sensations for communication shows some strange differences." (BOHANNAN, 1963,35f; zitiert nach HOLENSTEIN, 1985,23)

WHORF (1940/56,213) hat die These der sprachlichen Determination nichtsprachlicher Erkenntnisstrukturen folgendermaßen dargelegt: "We dissect nature along the lines laid down by our native languages. The categories und types we isolate from the world of phenomena we do not find there because they stare every observer in the face; on the contrary, the world is presented in a kaleidoscopic flux of impressions which has to be organized by our minds - and this means largely by the linguistic systems in our minds. We cut nature up, organize it into concepts, and ascribe significances as we do, largely because we are parties to an agreement to organize it in this way - an agreement that holds throughout our speech community and is codified in the patterns of our language."

Gegen Ende der sechziger Jahre wurde das sprachdeterministische bzw. relativistische Paradigma jedoch schlagartig durch eine diametral entgegengesetzte Auffassung abgelöst. Statt wie bisher von sprachlichen Faktoren auszugehen, welche die Struktur der menschlichen Erkenntnis bestimmen, betonte man nun den Einfluß kognitiver bzw. perzeptueller Faktoren auf das sprachliche Kategoriensystem. Den Schlüssel zu dieser plötzlichen paradigmatischen Neuorientierung lieferte eine Farbwortstudie von BERLIN & KAY (1969)

Ausgehend von der grundsätzlichen Frage, ob das Farbspektrum einer arbiträren (also von Sprache zu Sprache unterschiedlichen) Segmentierung unterzogen wird, wählten BERLIN & KAY (1969) nahezu einhundert verschiedene Sprachen aus und legten Kriterien fest, mit denen die verwirrende Mannigfaltigkeit der zu registrierenden Farbwörter klassifiziert werden konnte. Die Anwendung dieser Kriterien führte zu einer Aufteilung der Farbwörter in zwei Kategorien, in Grundfarbwörter (basic color terms) und sekundäre Farbwörter (secondary color terms). Ein Grundfarbwort hatte folgenden linguistischen, psychologischen bzw. soziologischen Kriterien zu entsprechen (vgl.: BERLIN & KAY, 1969,5-6):

(1) Ein Grundfarbwort ist monolexematisch. Es besteht aus einem einzigen Morphem und seine Bedeutung ist nicht aus kleineren Bedeutungseinheiten zusammengesetzt. 'Grasgrün', 'gelb-grün' oder 'grünlich' sind nach diesem ersten linguistischen Kriterium keine Grundfarbwörter.

(2) Die Bedeutung eines Grundfarbwortes ist nicht in der Bedeutung eines anderen Farbwortes enthalten. 'Rubinrot', 'feuerrot' oder karminrot' sind nach diesem zweiten linguistischen Kriterium als sekundäre Farbwörter einzustufen, weil sie ein spezifisches Rot bezeichnen und gleichzeitig kontrastierende Ko-Hyponyme des übergeordneten Farbwortes 'rot' sind.

(3) Die Anwendung eines Grundfarbwortes ist nicht auf einen bestimmten Bereich von Objekten begrenzt. 'Blond' ist aus dieser Perspektive als Grundfarbwort auszuschließen, da es sich auf den spezifischen Gegenstandsbereich 'Haare' bezieht.

(4) Ein Grundfarbwort ist psychologisch auffällig (salient) bzw. herausragend, d.h. es wird in alltäglichen Kommunikationssituationen bevorzugt zur Farbbenennung benutzt und erscheint bei einer Frage nach bekannten Farbworten intersubjektiv unabhängig unter den ersten Antworten. 'Ultramarin', 'reseda' oder 'lachsot' sind nach diesem psychologischen bzw. soziologischen Kriterium keine Grundfarbwörter.

In Zweifelsfällen wurden drei weitere Kriterien überprüft:[1]

(5) Ein zweifelhaftes Grundfarbwort sollte im Hinblick auf seine morphologischen Charaktistika möglichst mit den unproblematischen Grundfarbwörtern übereinstimmen.

(6) Ein Grundfarbwort sollte möglichst nicht gleichzeitig einen Gegenstand bezeichnen, dessen Farbe seinem Referenzbereich entspricht (Dieses Zusatzkriterium schließt beispielsweise 'silbern' als Grundfarbwort aus).

(7) Fremdwörter sind möglichst nicht als Grundfarbwörter einzustufen.

Entgegen aller Erwartungen der sprachlichen Relativisten stellten BERLIN & KAY (vgl.: 1969,4-5) nun fest, daß in den von von ihnen untersuchten Sprachen immer nur ein relativ kleines Inventar von Grundfarbwörtern existierte. Maximal konnten 11 Farbwörter innerhalb einer Sprache als Grundfarbwörter identifiziert werden: rot, gelb, grün, blau, orange, rosa, violett, grau, braun, schwarz und weiß. Wenn eine Sprache nicht sämtliche dieser 11 Grundfarbwörter enthielt, dann waren es nicht beliebige, die vorhanden waren oder fehlten. Grundsätzlich verfügten alle untersuchten Sprachen über Farbwörter für Schwarz und Weiß. Wenn drei Grundfarbwörter in einer Sprache vorhanden waren, dann bezeichnete eines Rot. Bei vier Grundfarbwörtern traten wahlweise Gelb oder Grün hinzu; wenn fünf dieser Wörter existierten, wurden Gelb und Grün abgedeckt. Sobald eine Sprache sechs Grundfarbwörter kannte, bezeichnete eines Blau und bei sieben Farbwörtern trat ein weiteres für Braun hinzu. Bei Sprachen mit acht oder mehr Grundfarbwörtern wurden auch Violett, Rosa, Orange und Grau bzw. eine Kombination von diesen enkodiert.

---

[1] Tatsächlich wurden bei zweifelhaften Farbwörtern _vier_ Zusatzkriterien überprüft. Das vierte zusätzliche Kriterium kann jedoch als Präzisierung des ersten linguistischen Kriteriums angesehen werden (vgl.: BERLIN & KAY, 1969,6)

Insgesamt wurden von 2048 logisch möglichen Distributionen nur 22 realisiert:

FARBE	ANZAHL DER GRUNDFARBWOERTER/SPRACHE

FARBE	2	3	4	4	5	6	7	8	8	8	8	9	9	9	9	9	9	10	10	10	10	11
WEISS	+	+	+	+	+	+	+	+	+	+	+	+	+	+	+	+	+	+	+	+	+	+
SCHWARZ	+	+	+	+	+	+	+	+	+	+	+	+	+	+	+	+	+	+	+	+	+	+
ROT	−	+	+	+	+	+	+	+	+	+	+	+	+	+	+	+	+	+	+	+	+	+
GRUEN	−	−	+	−	+	+	+	+	+	+	+	+	+	+	+	+	+	+	+	+	+	+
GELB	−	−	−	+	+	+	+	+	+	+	+	+	+	+	+	+	+	+	+	+	+	+
BLAU	−	−	−	−	−	+	+	+	+	+	+	+	+	+	+	+	+	+	+	+	+	+
BRAUN	−	−	−	−	−	−	+	+	+	+	+	+	+	+	+	+	+	+	+	+	+	+
ROSA	−	−	−	−	−	−	−	+	−	−	−	+	+	+	−	−	−	+	+	+	−	+
VIOLETT	−	−	−	−	−	−	−	−	+	−	−	+	−	−	+	+	−	+	+	−	+	+
ORANGE	−	−	−	−	−	−	−	−	−	+	−	−	+	−	+	−	+	+	−	+	+	+
GRAU	−	−	−	−	−	−	−	−	−	−	+	−	−	+	−	+	+	−	+	+	+	+
TYP	A	B	C	D	E	F	G	H	I	J	K	L	M	N	O	P	Q	R	S	T	U	V

Reale Distributionen von Grundfarbwörtern und Farbkategorien (modifiziert nach KAY & McDANIEL, 1978,614) (Abb. 9)

Dieser Befund widerspricht eindeutig der relativistischen und deterministischen Vorstellung einer vollkommen arbiträren Zuordnung von Farben und Farbwörtern. Er impliziert stattdessen ein universales Gesetz in der Evolution des Farbwortschatzes natürlicher Sprachen: 'die lexikalische Enkodierung des Farbenspektrums folgt in sämtlichen bekannten Sprachen einem einheitlichen chronologischen Ablauf':

Evolution der Grundfarbwoerter (Abb.10)
(modifiziert nach KAY & McDANIEL, 1978, 615)

Dieser Ablauf ist in späteren Studien allerdings leicht verändert worden. Dabei betreffen die Modifikationen vor allem das fakultativ frühere Auftreten von Grau, sowie die weitverbreitete Nicht-Ausgliederung von Blau und Grün bzw. deren Amalgamation zu einer Makrokategorie 'Blün' (vgl.: WITKOWSKI & C.BROWN, 1977,50-57). Die ursprünglich von BERLIN & KAY (1969) vorgeschlagenen sieben Evolutionsphasen werden durch diese Veränderungen jedoch nicht in Frage gestellt.[2]

Neben der universalen Begrenztheit und Nicht-Arbitrarität des Grundfarbwortinventars machten BERLIN & KAY (1969) im experimentellen Bereich ihrer Studie eine weitere fundamentale Entdeckung. Diese bezieht sich auf die konzeptuelle Segmentierung des Farbenspektrums. Versuchspersonen aus 20 verschiedenen Sprachen wurden mit der Aufgabe konfrontiert, zu bestimmten Grundfarbwörtern entsprechende Farbchips aus dem 329 Farbnuancen umfassenden MUNSELL-Instrumentarium auszuwählen.[3] Zunächst sollten sie dabei nur solche Farbnuancen heraussuchen, die ihrer Meinung nach als optimale Referenten (best examples) des entsprechenden Grundfarbwortes be-

---

[2] Nach BERLIN & KAY (1969) trifft dieses Universalgesetz auf beide Stränge der Evolution, die phylogenetische und die ontogenetische, zu. Demnach würden Grundfarbwörter innerhalb der Sprachentwicklung des Kindes in einer der Phylogenese entsprechenden Reihenfolge erworben. Obwohl einige Beobachtungen diese Annahme zu bestätigen scheinen (vgl. hierzu: MILLER & JOHNSON-LAIRD, 1976,352-353), belegt eine neuere empirische Untersuchung zu dieser Problematik (vgl.: ANDRICK & TAGER-FLUSBERG, 1986), daß die Farbbedeutungsentwicklung des Kindes nicht (un-)eingeschränkt) der Phylogenese des Farbvokabulars folgt:
"BERLIN & KAY (1969) hypothesized that the representation of the basic colour space would influence the order in which basic colour terms were acquired, as they had found in influencing the linguistic evolutionary order. The correlational data obtained in the first study revealed no significant relationship between the evolutionary order and the comprehension results ... Nevertheless, like JOHNSON (1977), we found that production performance did show a moderately significant relationship with the BERLIN & KAY order, a relationship which became stronger with age. On the other hand, of the three subjects in the second study, only one child's developmental data correlated significantly with the evolutionary order, and even that correlation might be more related to the input the child received than to internal conceptual factors (vgl.: 1986,131).

[3] Die Stimuluskonfiguration bestand aus insgesamt 329 Farbchips, die eine annähernd repräsentative Stichprobe aus den etwa sieben Millionen unterscheidbaren Farbnuancen bilden. Davon waren a) 320 stark gesättigte chromatische Farbplättchen verschiedener Farbtöne und Helligkeiten, und b) neun achromatische Chips zwischen Weiß, Grau und Schwarz. Eine umfassendere Erläuterung der MUNSELL-Farben findet sich beispielsweise bei BERLIN & KAY (vgl.: 1969,160-162), sowie bei GALL (vgl.: 1984,4-8).

zeichnet werden konnten. Das Ergebnis war verblüffend. Unabhängig von den einzelnen Sprachen wurden stets annähernd dieselben Farbchips als optimale Referenten bzw. Prototypen ausgewählt. Aus der Perspektive des sprachlichen Relativismus und Determinismus hätte man jedoch erwarten müssen, daß interlingual verschiedene Farbnuancen gewählt würden. BERLIN & KAY (vgl: 1969,4-10) folgerten daraus, daß a) jede Farbkategorie eine universale Fokalinstanz bzw. prototypische Farbnuance (focal point) enthält, b) diese Fokalinstanz als Primärreferent eines Grundfarbwortes fungiert, und deswegen c) die Evolution des Farbvokabulars als sukzessive Enkodierung von Fokalinstanzen zu interpretieren ist.

In einem zweiten Experiment wurden dieselben Versuchpersonen dann vor die Aufgabe gestellt, sämtliche Farbnuancen zu bestimmen, die ihrer Meinung nach mit einem bestimmten Grundfarbwort bezeichnet werden konnten. Experiment II sollte also Aufschluß über das referentielle Spektrum eines Grundfarbwortes im interlingualen Vergleich geben. Dabei stellte sich heraus, daß die Anzahl der ausgewählten Referenten eines bestimmten Grundfarbwortes individuell stark schwankte. Diesen Befund interpretierten BERLIN & KAY (vgl: 1969,162) dahingehend, daß Farbbedeutungen keine exakt definierbaren Entitäten im Sinne eines 'criterial feature-list approach' sind (vgl: 1.2.), sondern vielmehr vage Konzepte darstellen, die neben einer geringen Anzahl von Fokalinstanzen ein breites Spektrum von Referenten enthalten, deren Zugehörigkeit aufgrund ihrer geringen intrakategorialen Ähnlichkeit individuell unterschiedlich beurteilt wird.

Insgesamt belegen die Ergebnisse von BERLIN & KAY (1969), daß das Farbspektrum entgegen oberflächlicher Eindrücke sprachlich nicht arbiträr segmentiert wird. Farbkategorien werden nicht durch linguistische Konventionen determiniert, sondern beinhalten inhärente Ordnungsfaktoren (Fokalität und Familienähnlichkeit), die perzeptuell besonders augenfällig sind und zur sprachlichen Enkodierung genutzt werden. Das chromatische Spektrum ist also weniger ein Beispiel für den Einfluß linguistischer Faktoren auf die Konzeptualisierung der äußeren Realität, als für den Einfluß perzeptueller bzw. kognitiver Faktoren auf das Bedeutungssystem einer Sprache.

Einige Annahmen von BERLIN & KAY (1969) sind allerdings in einer Reihe von Nachfolgeuntersuchungen modifiziert worden. So stellten HEIDER & OLIVIER (vgl: 1972,337-354) zum Beispiel fest, daß sämtliche Sprachen zwar Grundfarbwörter für Weiß und Schwarz enthalten, wenn eine Sprache jedoch nur über diese zwei Farbwörter verfügt, dann bezeichnen sie nicht ausschließlich die achromatische Schwarz-Weiß Unterscheidung, wie BERLIN & KAY (1969) ursprünglich annahmen. Das Farbwort 'schwarz' deckt stattdessen außer Schwarz auch alle 'kalten' Farben (Blau- und Grünnuancen) ab, während das Farbwort 'weiß' neben Weiß für sämtliche 'warmen' Farben (Orange, Rot, Gelb, etc) verwendet wird. In allen Sprachen der Evolutionsstufe I weisen 'schwarz' und 'weiß' also einen panchromatischen Status auf.

HEIDER & OLIVIER (1972) konnten zudem zeigen, daß die noch nicht ausdifferenzierten Farbbedeutungen der ersten Evolutionsstufe variable Foci aufweisen. So wählten 69% der von ihnen erfaßten Dani nicht etwa Weiß als prototypischen Referenten der Farbbezeichnung 'warm-weiß' (mola), sondern eine Farbnuance, die höherentwickelte Sprachen als fokales Rot enkodieren. Andere Informanten derselben Stichprobe entschieden sich ausschließlich für Weiß bzw. für Weiß und Rot als Primärreferenten dieses Grundfarbwortes. Diese Ergebnisse sprechen eindeutig gegen die ursprüngliche Schlußfolgerung von BERLIN & KAY (1969), daß jedes Grundfarbwort nur eine einzige Fokalinstanz enkodiert. Die Befunde können stattdessen als Indiz dafür angesehen werden, daß wenig ausdifferenzierte Farbvokabulare der ersten Evolutionsstufen multifokale referentielle Spektren abdecken. Die phylogenetische Entwicklung des Farbvokabulars ist entsprechend weniger als eine suksessive Enkodierung neuer Fokalinstanzen aufzufassen, als vielmehr im Sinne einer fortlaufenden Ausdifferenzierung von Farbkategorien mit gleichzeitiger Kopplung von Foci und Farbwörtern zu interpretieren (vgl. hierzu: MERVIS & ROTH, 1981,384-386; HOLENSTEIN, 1985,41-42).

Welche neurophysiologischen Prozesse unterliegen nun der kategorialen Wahrnehmung des Farbspektrums? Wie läßt sich die prototypische Grundstruktur chromatischer Kategorien erklären? Inwiefern determinieren neurologische Aspekte der Reizverarbeitung die universale Entwicklung des Grundfarbvokabulars?

2.1.1. Psychophysische und neurophysiologische Aspekte der Farbwahrnehmung:

Die menschliche Wahrnehmung von Farben kann grundsätzlich in drei voneinander relativ unabhängigen Dimensionen variieren: Farbton, Sättigung und Helligkeit. Ihnen entsprechen in ziemlich regelmäßiger Art und Weise eine Anzahl exakt definierbarer Eigenschaften des physikalischen Reizes, d.h. der elektromagnetischen Strahlen, die auf die licht- bzw. farbempfindlichen Rezeptoren der Netzhaut (Retina) treffen: Wellenlänge, Amplitude, Frequenz, Intensität, spektrale Komposition, etc. (vgl KANIZSA, 1966,161). Dennoch besteht zwischen den Hauptdimensionen der menschlichen Farbwahrnehmung und den physikalischen Parametern des Lichtes keine einfache Beziehung. So verändert sich zwar im allgemeinen a) die Dimension 'Farbton' mit der Wellenlänge eines Lichtstrahls, b) die 'Helligkeit' mit der Intensität der Lichtenergie, und c) die 'Sättigung' mit der spektralen Zusammensetzung und Reinheit des Lichtstrahls; für eine genaue Voraussage des konkreten Farbeindrucks reicht die Kenntnis dieser Zusammenhänge jedoch nicht aus, wie beispielsweise das BEZOLD-BRÜCKE Phänomen (Veränderung des Farbtons als Funktion der lichtenergetischen Intensität) zeigt. Damit stellt sich die Frage, warum bestimmte Abschnitte des chromatischen Spektrums unabhängig von der psychophysischen Variabilität der Farbwahrnehmung und der Vielfalt ethnolinguistischer Einflüsse universal als Fokalinstanzen identifiziert und als Primärreferenten eines Farbwortes enkodiert werden.

KAY & McDANIEL (vgl.: 1978,617-621) vertreten in diesem Zusammenhang die Auffassung, daß die Universalität prototypischer Fokalinstanzen auf physiologische Prozesse der Lichtrezeption bzw. die Funktionsweise neuronaler Gegenreaktionszellen (opponent response cells) zurückgeführt werden kann. So ist seit mehreren Jahren bekannt, daß die Wahrnehmung von Farben durch drei retinale Zapfentypen (Photorezeptoren) ermöglicht wird, die sich bezüglich ihrer maximalen Empfindlichkeit für Licht verschiedener Wellenlänge unterscheiden. Während ein Typus insbesondere auf kurze Wellenlängen (blau) reagiert (B-Typus), sind andere (GR-Typus und R-Typus) besonders empfindlich für mittlere (grüne) bzw. lange (rote) Wellenlängen (Drei-Rezeptoren-Theorie nach YOUNG-HELMHOLTZ 1801/51). Die neuralen Reaktionen dieser drei Zapfentypen werden allerdings nicht direkt bzw. unverändert zum Gehirn geleitet und dort in die drei Primärfarben (Rot, Grün, Blau), oder durch additive Mischung in die übrigen Farben 'übersetzt'. Stattdessen folgt der trichromatischen Lichtrezeption des retinalen Drei-Zapfen-Systems (three cone system) auf postretinalem Niveau eine Weiterverarbeitung in vier komplementäre Reaktionen: rot * grün / blau * gelb. (Theorie der Komplementärpaare nach HERING 1929 bzw. DeVALOIS et al. 1966) Dabei stimulieren die farbempfindlichen Photorezeptoren der Netzhaut (R,GR,B) sogenannte bipolare Zwergzellen, die ihrerseits mit neuronalen Gegenreaktionszellen (Ganglienzellen) verbunden sind. Jede der Gegenreaktionszellen arbeitet nach dem Prinzip der komplementären Hemmung, sodaß zum Beispiel grünes Licht die Grün-Rezeptoren der Netzhaut (Gr-Typus) und die entsprechenden bipolaren Zellen stimuliert, die Aktivität der Gegenreaktionszellen R+GR-jedoch hemmt. Diese Aktivitätsminderung in den R+GR- Ganglienzellen führt schließlich zur Übermittlung eines spezifischen Aktivitätsmusters an das Gehirn (grün+ > rot-), d.h. zur 'Dekodierung' mittels höherer (weitgehend unbekannter) zerebraler Mechanismen.[1]

In bezug auf die Problematik konzeptueller Klassifizierungs- bzw. sprachlicher Enkodierungsprozesse implizieren diese Erkenntnisse, daß die Universalität von Fokalinstanzen und die damit verbundene kategoriale Struktur der Farbwahrnehmung aus der Verarbeitung von drei primären Farbempfindungen (R,GR,B) in vier komplementäre Gegenreaktionen (rot * grün / blau * gelb) resultiert. Da neuronale

---

[1] Eine umfassendere Darstellung der Neurophysiologie des Farbensehens soll hier nicht erfolgen, da insbesondere die Problematik der zerebralen Interpretation farbspezifischer Aktivitätsmuster, die weitere wertvolle Erkenntnisse zur Farbwahrnehmung bieten könnte, noch weitgehend ungeklärt ist und häufig spekulativ gehandhabt wird (vgl.: DeVALOIS, ABRAMOV & JACOBS, 1966, 966-977; DeVALOIS & JACOBS, 1968,533-540; DAVSON,1976; KRECH & CRUTCHFIELD, 1985,100-106).

Gegenreaktionszellen auf spezifische 'Farbreize' mit ansteigender Aktivität und gleichzeitig auf farbliche 'Komplementärreize' mit verminderter Aktivität reagieren (blau+ > gelb- / blau- > gelb+), erscheinen die Schlußfolgerungen berechtigt, daß a) prototypische Fokalinstanzen in jenen Bereichen des Farbspektrums auftreten, in denen ein Typus von Gegenreaktionszellen am meisten aktiviert und der entgegengesetzte Typus am meisten gehemmt wird, b) die extensionalen Grenzen einer Farbkategorie mit den Fokalpunkten benachbarter Farbkategorien zusammenfallen ('grün' endet an den fokalen Zentren von 'blau' und 'gelb'; 'blau' endet an den prototypischen Fokalinstanzen von 'rot' und 'grün', etc.) und c) die Zugehörigkeit einer konkreten Farbnuance zu einer entsprechenden Farbkategorie skaliert ist, d.h. von ihrem spezifischen Ähnlichkeitsgrad zur Fokalinstanz abhängt (vgl.: MILLER & JOHNSON-LAIRD, 1976,346; KAY & McDANIEL, 1978,621; HOLENSTEIN, 1985,45-46). Die grundsätzlichen Annahmen von BERLIN & KAY (1969) erhalten auf diese Weise eine universalbiologische Fundierung.

Das oben skizzierte neurophysiologische Grundgerüst der Farbwahrnehmung läßt sich nun auch als Begründung für die phylogenetische Vorrangigkeit der sechs Grundfarbwörter Schwarz, Weiß, Rot, Gelb, Blau und Grün gegenüber den später auftretenden Farbwörtern Grau, Braun, Violett, Rosa und Lila anführen. Da letztere die Schnittsegmente von zwei Primärfarbkategorien abdecken und somit weniger herausragende Abschnitte des Spektrums bezeichnen, werden sie in Sprachen der tieferen Evolutionsstufen unter eine der Primärkategorien subsumiert (Phänomen der Plurifokalität). Die weitere Entwicklung des Grundfarbvokabulars verläuft dementsprechend entlang der neurophysiologisch determinierten Intersektionen der Primärfarbkategorien ('violett' erscheint zum Beispiel an der Schnittstelle von Blau und Rot und tritt frühestens in Sprachen der Evolutionsstufe VII auf).[2]

---

[2] Diese neurophysiologisch fundierte Erklärung läßt sich allerdings nicht auf den Bereich der Ontogenese übertragen. So wäre nach der aufgeführten Theorie komplementärer Verarbeitungsprozesse zu erwarten, daß im Rahmen der Farbbedeutungsentwicklung des Kindes zunächst die Grundfarben Rot, Gelb, Blau und Grün, sowie die achromatische Differenzierung von Schwarz und Weiß, und erst anschließend ihre überlappenden Schnittsegmente enkodiert werden. Stattdessen treten die von BERLIN & KAY (1969) genannten elf Grundfarbwörter in einer variablen und offenbar völlig unsystematischen Reihenfolge auf. Dies zeigte sich auch im Rahmen meiner (Vor)Untersuchungen. Ein 4.1-jähriges Mädchen bezeichnete dort lediglich Orange, Weiß, Gelb und Rot korrekt und stabil, während es die restlichen Grundfarbwörter ständig verwechselte. Violett wurde darüberhinaus dem Farbwort 'rosa' zugeordnet, obwohl diese Farbe den Intersektionsbereich von Rot und Blau abdeckt.

2.2. Fokalfarben und Grundfarbwörter: Die experimentalpsychologischen Ergebnisse der Prototypenforschung

> *"There is now considerable evidence that color categories are processed by the human mind (learned, remembered, denoted and evolved in languages) in terms of their internal structure; color categories appear to be represented in cognition not as a set of criterial features with clear-cut boundaries but rather in terms of a prototype (...) of the category, surrounded by other colors of decreasing similarity to the prototype and a decreasing degree of membership"*
>
> (ELEANOR ROSCH, 1975,193)

Die Pionierleistungen von BERLIN & KAY (1969), die wesentlich zur Begründung der Prototypentheorie beigetragen haben, sind im Laufe der siebziger Jahre - vornehmlich im experimentalpsychologischen Arbeitskreis um ELEANOR ROSCH - aufgegriffen und weiterentwickelt worden. So konnte HEIDER-ROSCH (vgl.: 1972,10-20) in einer Anzahl von empirischen Einzelstudien zur Prototypikalität chromatischer Kategorien nachweisen, daß a) Angehörige verschiedener Sprachgemeinschaften nicht nur annähernd dieselben Farbchips als optimale Referenten eines Grundfarbwortes (Prototypen einer Farbkategorie) aus dem 329 Items umfassenden MUNSELL-Katalog auswählen, sondern daß sie die am stärksten gesättigten Farbchips als Fokalinstanzen bevorzugen, daß b) Fokalfarben im Vergleich mit weniger typischen Mitgliedern der gleichen Kategorie weitaus kürzere Bezeichnungen erhalten und signifikant schneller benannt werden (codability and response latency), und daß c) die Rekognitionsgenauigkeit (recognition accuracy) für Fokalinstanzen sowohl im Kurzzeitgedächtnis, als auch im Langzeitgedächtnis besser ist, als für Farbchips aus den peripheren Bereichen einer Kategorie (boundary colors). ROSCH (vgl.: 1973,116-123) konnte darüberhinaus zeigen, daß jugendliche Dugum Dani[1] zusätzliche Farbwörter schneller erlernen, wenn ihnen zentrale Fokalinstanzen als Referenten dargeboten werden, und daß sie Namen für artifizielle Farbgruppierungen mit einer Fokalfarbe schneller erlernen als Namen für artifizielle Farbgruppierungen ohne eine zentrale Fokalinstanz.

Diese Befunde ließen vermuten, daß prototypische Fokalfarben auch innerhalb der Farbbedeutungsentwicklung des Kindes eine herausra-

---

[1] Angehörige des erwähnten 'Steinzeitvolkes' auf Neu-Guinea, die normalerweise nur zwei Grundfarbwörter (warm-weiß: 'mola' bzw. kalt-schwarz: 'mili') kennen (vgl.: 2.1.). Insgesamt wurden 68 Versuchspersonen im Alter von etwa 12-15 Jahren erfaßt und mit den MUNSELL-Farben getestet (vgl.: ROSCH,1973,116-118).

gende Stellung einnehmen. MERVIS, CATLIN & ROSCH (vgl.: 1975,55) konfrontierten deshalb 20 Kindergartenkinder, 20 Grundschüler und 20 Erwachsene mit der Aufgabe, diejenigen Farbnuancen aus dem 329 Items umfassenden MUNSELL-Instrumentarium auszuwählen, die ihrer Meinung nach als prototypische Fokalinstanzen bzw. optimale Referenten der elf von BERLIN & KAY (1969) identifizierten Grundfarbwörter bezeichnet werden konnten.[2] Dabei zeigte sich, daß die als prototypisch eingeschätzten Farbnuancen der jüngsten Versuchspersonen weitgehend mit denen der älteren Probanden übereinstimmten. Jedenfalls ließen sich keine signifikanten Mittelwertdifferenzen zwischen den durchschnittlichen Prototypenurteilen der Kindergartenkinder, Grundschüler und der Erwachsenen nachweisen. Lediglich die Varianz prototypischer Urteile war bei den jüngsten Probanden größer als bei den ältesten Versuchsteilnehmern. MERVIS, CATLIN & ROSCH (vgl.: 1975,56) hatten damit den Nachweis erbracht, daß die Fokalinstanzen der Grundfarbkategorien bereits im Kindergartenalter identifiziert bzw. als Primärreferenten enkodiert sind:
"In summary, the mean focal choices have been established by the time children are in kindergarten; there were essentially no differences between mean foci obtained from kindergarteners and mean foci obtained from adults. On the other hand, the variance of focal judgments has not stabilized by kindergarten. Judgments of the brightness dimension of the focus have not stabilized until third grade and the judgments of the hue dimension do not stabilize until later." (1975,56)

Es stellte sich nun die Frage, ob auch die peripheren Grenzbereiche der elf Grundfarbkategorien bereits im Kindergartenalter ausdifferenziert bzw. den referentiellen Spektren der entsprechenden Farbwörter zugeordnet würden. MERVIS, CATLIN & ROSCH (1975) führten deshalb ein weiteres Experiment durch, das Aufschluß über die Varianz der Kategoriengrenzen (variance of boundary judgments) in den einzelnen Altersgruppen geben sollte. Dabei wurde das gleiche Stimulusmaterial verwandt und auch die Probanden waren dieselben. Die Aufgabe bestand jetzt allerdings darin, sämtliche Farbnuancen zu markieren, die sich mit einem bestimmten Grundfarbwort belegen ließen. Hierbei zeigte sich, daß die Kategoriengrenzen der jüngeren Versuchspersonen weitaus weniger stabil bzw. ausdifferenziert waren als diejenigen der älteren Probanden. So ordnete die Gruppe der Kindergartenkinder durchschnittlich 13.15 Farbchips zwei oder oder mehreren Grundfarbwörtern zu (mean number of chips marked as being within the boundaries of more than one color)(vgl.: MERVIS, CATLIN & ROSCH, 1975,58). Die Grundschüler belegten dagegen nur durchschnittlich 1.05 Farbchips mit zwei oder mehreren Grundfarb-

---

[2] Das Durchschnittsalter betrug 5.58 Jahre bei der Kindergartengruppe bzw. 8.58 Jahre bei den Grundschülern. Die Kinder sprachen ausschließlich Englisch und entstammten der sozialen Mittelschicht (lower-middle-class). Die Erwachsenengruppe bestand aus 10 weiblichen und 10 männlichen Studenten, deren sozioökonomischer Status nicht bekannt war (vgl hierzu: MERVIS, CATLIN & ROSCH, 1975,55).

wörtern und bei den Erwachsenen betrug die Zahl der mehrfach aufgeführten Farbnuancen sogar nur 0.50. Die Varianz der Kategoriengrenzen war bei der Kindergartengruppe signifikant größer als bei
den beiden anderen Gruppen. MERVIS, CATLIN & ROSCH (1975) nahmen
daher an, daß die Grenzbereiche der Grundfarbkategorien nicht vor
dem Grundschulalter stabilisiert bzw. ausdifferenziert werden:
"Pairwise comparisons (...) indicated that the kindergarten group
differed significantly from the other two groups. The difference
between the third-grade and the adult groups was not significant.
By third grade, children have learned that color categories must
be mutually exclusive" (1975,58).

Insgesamt bestätigte diese Untersuchung die entwicklungstheoreti-
sche Grundannahme der Prototypenkonzeption, daß die Phänomene der
der Übergeneralisierung und Überdiskrimination auf eine unzureichende Ausdifferenzierung der kindlichen Wortbedeutungen in den
Grenzbereichen zurückzuführen sind (vgl.: 1.3.2.). Kinder verbinden zu Beginn der Farbbedeutungsentwicklung ausschließlich Informationen über prototypische Fokalinstanzen mit einem Farbwort und
schließen weniger typische Farbnuancen als potentielle Referenten
des Wortes aus (bzw. ordnen Nicht-Referenten aufgrund von irrelevanten Ähnlichkeiten dem Referenzbereich des Farbwortes zu). Erst
im weiteren Verlauf der kindlichen Bedeutungsentwicklung wird das
referentielle Spektrum der Farbwörter dann ausgegliedert. Die ursprünglichen Farbbedeutungen werden durch Informationen über atypische Farbnuancen vervollständigt und somit den Konventionen der
Erwachsenensprache angepaßt. Grundsätzlich sind also zwei sukzes-
siv aufeinanderfolgende Entwicklungsprozesse zu unterscheiden: In
einer ersten Phase werden zunächst prototypische Repräsentationen
um eine Fokalinstanz gebildet, in einer zweiten Phase werden dann
die peripheren Grenzbereiche dieser Repräsentationen ausdifferenziert.

Warum besitzen nun die fokalen Farbbereiche eine hervorgehobenere
Bedeutung als die kategorialen Peripherien und weshalb werden sie
(ontogenetisch) früher dazu verwandt die Bedeutung von Grundfarbwörtern zu repräsentieren als weniger zentrale Farbnuancen? Nach
MERVIS & ROTH (vgl.: 1981,401-405) unterscheiden sich Fokalfarben
von weniger repräsentativen Farbnuancen dadurch, daß sie intrakategoriale Ähnlichkeiten und interkategoriale Gegensätze besonders
deutlich hervortreten lassen. Fokalinstanzen weisen eine maximale
Ähnlichkeit mit den Mitgliedern der eigenen Kategorie auf und unterscheiden sich gleichzeitig besonders deutlich von allen Farben
benachbarter Kategorien. Sie sind also bessere Repräsentanten ihrer eigenen Kategorie als irgendeiner anderen Kategorie und bieten sich deswegen als Primärreferenten eines Farbwortes an:
"Categories are formed for a reason: to allow the members of a
category to be considered equivalent for some purposes, while at
the same time allowing members of that category to be differen-
tiated from members of other categories. To serve this purpose
best, the category representation (whether in terms of particular
exemplars or some idealized representation) should be such that
it is highly similar to members of its own category, while at the
same time being highly dissimilar to members of other categories.

In the case of color categories, the best examples (foci) appear to be strongly influenced by the psycho-physical properties of the visual system. Nevertheless, the degree to which a color percept is representative of a color category should be affected by how similar it is perceived to be to the other members of the category... We claim that the best example of a category, to fulfill its function as category representation (or approximation to category representation), must be a better example of its own category than of any other category" (MERVIS & ROTH,1981,401)

Diese Auffassung stimmt insofern mit WITTGENSTEINs Konzeption der Familienähnlichkeit (1953/67) und der darauf aufbauenden Prototypentheorie von MERVIS & ROSCH (1981) überein, als Fokalinstanzen im Sinne von besonders repräsentativen Kategorienmitgliedern dargestellt werden, die eine maximale intrakategoriale bzw. minimale interkategoriale Ähnlichkeit aufweisen. Sie basiert jedoch bezüglich der (farbspezifischen) Definition des Prototypen auf anderen erkenntnistheoretischen Grundannahmen. Nach MERVIS & ROSCH (1981) fungieren diejenigen Entitäten als Prototypen, die am meisten gemeinsame (charakteristische) Eigenschaften mit allen anderen Mitgliedern ihrer Kategorie teilen und zugleich die wenigsten Eigenschaften mit den Mitgliedern kontrastierender begrifflicher Kategorien gemeinsam haben (vgl.: 1.3.1).[3] Farbstimuli sind jedoch in perzeptiver Hinsicht als integrative Ganzheiten zu verstehen, die sich nur bedingt in ihre Eigenschaften (Helligkeit, Sättigung und Farbton) zerlegen lassen. Es ist daher nicht anzunehmen, daß prototypische Fokalinstanzen auf der Basis distinktiver Merkmalsbündel definiert werden können. Man kann stattdessen davon ausgehen, daß im Bereich der Farbklassifizierung solche Entitäten (Nuancen) als Fokalfarben fungieren, die _eine_ charakteristische Eigenschaft besonders deutlich bzw. prägnant (ohne Vermischung mit den Eigenschaften fremder Kategorien) verkörpern.[4]
"A _good red_ has a high degree of similarity to some norm for red. Something that is either _sort of red_ or _slightly red_ is, in a lesser degree, an approximation to this norm." (KAY & McDANIEL, 1978,622)(vgl. auch: HOLENSTEIN, 1985,196)

---

[3] Für eine Rübe als prototypisches Gemüse wird zum Beispiel ihre Spindelgestalt, die Tatsache, daß man sie roh und gekocht verzehren kann, ihre Wurzelnatur und ihre charakteristische Größe geltend gemacht. Diese Eigenschaften sind zwar nicht für sämtliche Gemüsesorten charakteristisch, sie werden jedoch von einer größeren Gruppe von Gemüsen geteilt (vgl: BROWN, 1978,159; HOLENSTEIN, 1985,196-197).

[4] Diese Prototypendefinition wird durch die spezifische Struktur der Reizverarbeitung und die Funktionsweise der neuronalen Gegenreaktionszellen gestützt: Fokalinstanzen treten in denjenigen Abschnitten des Farbkontinuums auf, in denen ein Typus von Gegenreaktionszellen am meisten aktiviert und der entgegengesetzte Typus am meisten gehemmt wird (vgl.: 2.1.1.).

Für die Bedeutungsentwicklung von Farbwörtern ergibt sich daraus: Prototypische Fokalfarben werden deshalb früher dazu verwandt die Bedeutung von Farbwörtern zu repräsentieren, weil sie die charakteristische Eigenschaft ihrer Farbkategorie am prägnantesten realisieren und sich infolgedessen am deutlichsten von den Entitäten der angrenzenden Farbkategorien abheben. Weniger typische Farbnuancen (boundary colors) überschneiden sich dagegen mit angrenzenden Kategorien (sie sind also weniger prägnant) und werden später erst dem entsprechenden Referenzbereich zugeordnet.

2.2.1. Bemerkungen

In "Cognition and Categorization" hat ROSCH (1978) wiederholt darauf hingewiesen, daß die experimentellen Befunde der Prototypenforschung strikt von explizit entwicklungspsychologischen Schlußfolgerungen zu trennen sind:
"The principles of categorization proposed here are not as such intended to constitute a theory of the development of categories in children born into a culture nor to constitute a model of how categories are processed ... This section attempts to clarify the operational concept of prototypicality and to separate that concept from claims concerning the role of prototypes in cognitive processing, representation and learning for which there is little evidence." (ROSCH & LLOYD, 1978,28).
"Although prototypes must be learned, they do not constitute any particular theory of category learning." (ROSCH & LLOYD, 1978,41)

Diese deutliche Distanzierung von entwicklungsspezifischen Aspekten der konzeptuellen Klassifizierung (bzw. sprachlichen Enkodierung) wird dann verständlich, wenn man die grundsätzlichen Kriterien berücksichtigt, an denen psychologische Entwicklungstheorien im allgemeinen gemessen werden:
"Entwicklungstheorien sind ihrem Anspruch nach einerseits Theorien kindlichen Verhaltens und Handelns zu einem bestimmten Zeitpunkt, andererseits Theorien über Veränderungen des Verhaltens und Erlebens über die Zeit (Baldwin 1974). In einer solchen Zweigleisigkeit, nämlich sowohl die Organisation bzw. Struktur des Verhaltens zu bestimmten Zeitpunkten des Lebenslaufs zu beschreiben als auch ihre Veränderungen gesetzmäßig zu begründen, liegt die besondere Problematik einer entwicklungspsychologischen Theoriebildung ..." (WIECZERKOWSKI & ZUR OEVESTE, 1982,41; vgl. auch: NICKEL, 1976,18-19; OERTER & MONTADA, 1987,8-11)

Diesem doppelten Anspruch (Beschreibung und Explikation von psychischen Entwicklungsvorgängen) kann die Prototypenkonzeption als allgemeinpsychologische Theorie des begrifflichen Klassifizierens

nicht gerecht werden. Es mangelt vor allem an einer entwicklungspsychologischen Bedingungsanalyse (d.h. an einer umfassenden Analyse der Ursachen und determinieren Faktoren in der Entwicklung),
wie sich anhand der Forschungsergebnisse zur Ontogenese des Farbvokabulars verdeutlichen läßt. Nach MERVIS, CATLIN & ROSCH (1975)
können Kinder zu Beginn der Farbbedeutungsentwicklung ausschließlich solche Farbnuancen korrekt und stabil benennen, die den prototypischen Fokalpunkten der einzelnen Kategorien nahestehen. Weniger typische Instanzen aus den peripheren Grenzbereichen werden
dagegen häufig überdiskriminiert oder übergeneralisiert. Man kann
also davon ausgehen, daß die prototypischen Zentren der Farbkategorien ontogenetisch früher erfaßt und enkodiert werden als deren
Peripherien (MERVIS, CATLIN & ROSCH, 1975,60):
"In sum, these results support the hypothesis that for the color
domain, where the categories have been shown to be structured in
terms of a focus-boundary organization, the focus of the category
is learned first, and the limits of the category learned later."

Aus dieser Darstellung geht allerdings nicht hervor, welche onto-
genetischen Bedingungsfaktoren die Entwicklung von Farbkategorien
bzw. Farbbedeutungen bestimmen. Es handelt sich lediglich um eine
Beschreibung der strukturellen Veränderungen des kindlichen Farblexikons (bzw. der farbspezifischen Klassifizierungskompetenz) zu
bestimmten Zeitpunkten in der Entwicklung. Auf eine entwicklungspsychologische Explikation der Ursachen und determinierenden Faktoren wird weitgehend verzichtet. Die deskriptive Darstellung von
MERVIS, CATLIN & ROSCH (1975) erhält erst dann eine ontogenetisch
explikative Relevanz, wenn sie vor dem neueren theoretischen Hintergrund farbspezifischer Prototypenkonzeptionen betrachtet wird.
So weist HOLENSTEIN (vgl: 1985,196) darauf hin, daß im speziellen
Bereich der Klassifizierung und Enkodierung von Farben diejenigen
Entitäten als Prototypen und Primärreferenten fungieren, die eine
charakteristische Eigenschaft besonders prägnant (weitgehend ohne
Vermischung mit anderen Eigenschaften) realisieren. MERVIS & ROTH
(vgl: 1981,401) vertreten die (vergleichbare) Auffassung, daß fokale Instanzen aufgrund ihres hohen Informationswertes (im Ideal-
fall maximale Übereinstimmung mit allen Kategorienmitgliedern und
minimale Übereinstimmung mit allen 'Nicht-Kategorienmitgliedern')
als Prototypen identifiziert werden (vgl.: 2.2.). Es ist also anzunehmen, daß die frühe Klassifizierung bzw. sprachliche Enkodierung der Fokalfarben auf ihre besondere psychologische Auffälligkeit (salience) zurückzuführen ist: Kinder können deshalb nur die
fokalen Bereiche einer Farbkategorie korrekt und stabil benennen,
weil diese sich perzeptuell besonders deutlich von den angrenzenden Kategorien abheben. Die Peripherien der Farbkategorien weisen
dagegen einige Eigenschaften von benachbarten Kategorien auf (sie
sind also weniger prägnant) und werden dementsprechend später als
Referenten des entsprechenden Farbwortes identifiziert.

Der Hinweis auf die psychologische Auffälligkeit (salience) foka-
ler Instanzen reicht jedoch nicht aus, um als Entwicklungstheorie
des kindlichen Farblexikons bestehen zu können. So bleibt weitgehend ungeklärt, welche Entwicklungsprozesse an der (langwierigen)
Ausdifferenzierung der kategorialen Grenzbereiche beteiligt sind.

Die Prototypenkonzeption bietet zwar eine Begründung für die verhältnismäßig späte Enkodierung weniger typischer Farbnuancen, die komplexen Prozesse der perzeptuellen Differenzierung, der konzeptuellen Klassifikation und der sprachlichen Kopplung (vgl.: 1.3.) werden jedoch nicht berücksichtigt.[1] Damit ergeben sich eine Reihe von weiterführenden Fragestellungen:

Aufgrund welcher Kriterien werden weniger typische Farbnuancen zu Beginn der Farbbedeutungsentwicklung klassifiziert bzw. als Referenten eines (Grund)Farbwortes enkodiert? Inwiefern unterscheiden sich die Benennungskriterien (und Klassifizierungsstrategien) von jüngeren Kindern und Erwachsenen? Wie verändert sich das Verhalten bei der Klassifizierung und Benennung peripherer Farbnuancen? Welche Einflußfaktoren determinieren den Prozess der Ausdifferenzierung von Farbbedeutungen?[2]

---

[1] Diese Problematik wurde bereits bei der Analyse der grundsätzlichen entwicklungspsychologischen Implikationen der aktuellen Prototypenforschung angesprochen (vgl: 1.3.3.). Es gibt bisher (nach meinen Erkenntnissen) keine Entwicklungstheorie, die den langwierigen Prozess der Ausdifferenzierung von Farbkategorien bzw. Farbbedeutungen erklären kann. (vgl. auch: SMITH & MEDIN, 1984,129).

[2] Anhand dieser (exemplarisch ausgewählten) Fragestellungen läßt sich bereits erkennen, daß die typischen Phänomene der Übergeneralisierung und Überdiskrimination von Farbwörtern im Rahmen einer entwicklungspsychologischen Theoriebildung von herausragender Bedeutung sind. Eine umfassende Theorie der Bedeutungsentwicklung von Farbwörtern muß in der Lage sein, beide Phänomene der frühen Kindersprache erklären zu können (vgl: 1.2.2.) Gerade hier weisen ältere Erklärungsansätze manchmal Schwächen auf. So bezieht sich beispielweise E.CLARKs Ansatz (1973) ausschließlich auf den Aspekt der Übergeneralisierung.

3. Semantische Entwicklungsprozesse und kognitive Gestalten: Ein gestalttheoretischer Erklärungsansatz zur Bedeutungsentwicklung von Farbwörtern

> *There is*
> *no such thing as a problem*
> *without a gift for you*
> *in its hands.*
> *You seek problems*
> *because you need*
> *their gifts."*
>
> (RICHARD BACH, Illusions,1978,57)

Ein fundamentales Defizit, das die Prototypentheorie nach dem gegenwärtigen Stand der Forschung (MERVIS & ROSCH, 1981) offenbart, betrifft den Entwurf einer explikativen Konzeption der kindlichen Farbbedeutungsentwicklung. So existieren zwar einige interessante Untersuchungen, die den Prozess der Veränderung von Farbbedeutungen (Farbkategorien) dokumentieren, eine umfassende entwicklungspsychologische Bedingungsanalyse (in der die wichtigsten Ursachen und determinierenden Faktoren der Bedeutungsveränderungen identifiziert werden) steht jedoch noch aus (vgl: 2.2.1.). Dies ist einigermaßen erstaunlich, zumal sich das kindliche Bedeutungssystem in einer komplexen und langwierigen Entwicklung befindet und eine Theorie, die dieser Tatsache nur nebenbei Rechnung trägt, auf die Dauer nicht ernst genommen werden kann (vgl.: LANG, 1981,154). Es ist zugleich aber auch eine große Herausforderung für die weitere Erforschung farbspezifisch-semantischer Entwicklungsprozesse. Vor allem stellt sich wohl die Frage, ob die einzelnen Ergebnisse der experimentellen Prototypenforschung im Sinne eines übergreifenden Entwicklungsmodells zusammengefaßt werden können.

In den folgenden Kapiteln wird die Auffassung vertreten, daß eine entwicklungspsychologische Integration der einzelnen Befunde dann möglich wird, wenn einige fundamentale Grundideen bzw. empirische Erkenntnisse der Gestaltpsychologie aufgegriffen und zur Erweiterung der aktuellen Prototypenkonzeption herangezogen werden. Dieser außergewöhnliche Rückgriff auf gestaltpsychologische Analysen mag einige Beobachter der psycholinguistischen Szenerie eventuell überraschen, denn es wird nicht selten die Ansicht vertreten, daß die Gestaltpsychologie das Thema 'Sprache' weitgehend (bzw. gänzlich) ausgeklammert habe (vgl.: HÖRMANN, 1981,1; ERTEL, 1975,95). Bei näherer Betrachtung der Publikationen zeigt sich jedoch, daß führende Vertreter der Gestaltpsychologie durchaus im Bereich der Sprachforschung tätig waren. So zum Beispiel KURT KOFFKA, der ein Kapitel seiner anfangs vielbeachteten, aber später leider in Vergessenheit geratenen Entwicklungspsychologie (1925/66) der Bedeu-

tungsentwicklung von Farbwörtern (und der Wahrnehmungsentwicklung von Farben) widmete, oder auch ADHEMAR GELB & KURT GOLDSTEIN, die schon in den frühen zwanziger Jahren wichtige Studien zur Problematik der Farb-Enkodierung bei Aphasikern durchführten (1925). In diesem Zusammenhang sind auch die Erörterungen von RUDOLF ARNHEIM (1969/80) und WOLFGANG METZGER (1941/75, vgl. als Überblick 1986) zu nennen, die das Problem der Ontogenese von Kategorienbegriffen (Wortbedeutungen) in gestalttheoretischer Hinsicht analysiert haben und dabei zu bemerkenswerten Ergebnissen gelangt sind. Es ist eigentlich nicht zu verstehen, daß diese Arbeiten bisher (weitgehend) unberücksichtigt geblieben sind, da sie eine grundsätzliche Affinität zu den theoretischen Annahmen bzw. empirischen Befunden der Prototypenforschung erkennen lassen. ROSCH (1973,113-114) hat hin und wieder selbst auf diese Wesensverwandtschaft hingewiesen, ohne jedoch in ihren späteren Untersuchungen explizit auf die gestaltpsychologische Terminologie zurückzugreifen:
"There are colors and forms which are more perceptually salient than other stimuli in their domains. A working hypothesis is that salient colors are those areas of the color space previously found to be most exemplary of basic color names in many different languages (BERLIN & KAY, 1969) and that the salient forms are the 'good forms' of Gestalt psychology (circle, square, etc.)."

Im folgenden werden daher zunächst unabhängig von der schwierigen Problematik der Bedeutungsentwicklung von Farbwörtern wesentliche Grundannahmen der Gestaltpsychologie zusammengefaßt. Anschließend wird ein umfassender Überblick über die wichtigsten entwicklungspsychologischen und patholinguistischen Erkenntnisse der Gestalttheorie (vgl: KÖHLER, 1925; KOFFKA, 1925; GELB & GOLDSTEIN, 1925, GOLDSTEIN & SCHEERER, 1941; METZGER, 1956) gegeben und eine erste Beziehung zum Phänomen der Farbbedeutungsentwicklung hergestellt. Zuletzt soll dann - ausgehend von der gestaltpsychologischen Heuristik - ein Erklärungsansatz erstellt werden, der die bisherigen experimentellen Ergebnisse der Prototypenforschung im Sinne eines (umfassenden) explikativen Entwicklungsmodells vereinigt.[1]

---

[1] Im Rahmen dieser Arbeit werden die Termini 'Gestaltpsychologie' und 'Gestalttheorie' synonym verwendet. GUSS (1977,6-7) schlägt dagegen folgende Differenzierung vor:

"Dem Begriff 'Gestalttheorie' wird hier aus zwei - scheinbar entgegengesetzten - Gründen der Vorzug eingeräumt. Die Gestalttheorie ist keine eigene Psychologie (im Sinne des Begriffs 'Gestaltpsychologie'), sondern eben *eine* Theorie der Psychologie, der Begriff Gestalttheorie ist also bescheidener. Andererseits zeigt dieser Begriff einen hohen Verallgemeinerungsgrad an: Die Theorie von der Gestalt gibt es nicht nur innerhalb der Psychologie, sondern - wenn auch unter anderem Namen - in der Biologie (Systemtheorie) und der Physik (Feldtheorie). *Intra*disziplinär bedeutet 'Gestalttheorie' daher weniger als 'Gestaltpsychologie, *inter*disziplinär dagegen mehr."

3.1. Gestaltbegriff und Prägnanztendenz:
Einige fundamentale Grundannahmen der Gestaltpsychologie
im wissenschaftsgeschichtlichen Überblick

> *Es ist in der Wissenschaft gut, auch Prinzipiellstes zu*
> *gegebener Zeit ernsthafter und konkreter Prüfung zu un-*
> *terwerfen; nicht in nur allgemeinen, mehr spekulativen*
> *Erwägungen, sondern in konkretem Eindringen; im positi-*
> *ven Vorschreiten zu möglichst adäquater Erfassung des*
> *Gegebenen und im Vordringen zu Entscheidungsfragen in-*
> *nerhalb des Tatsächlichen."* (MAX WERTHEIMER, 1922,47)

Die Gestaltpsychologie hat sich als Gegenbewegung zur klassischen
Assoziationspsychologie (der atomistischen Betrachtungsweise) des
ausgehenden 19. Jahrhunderts entwickelt und einen beachtenswerten
Beitrag zu einer theoretischen Neuorientierung in der Psychologie
(des Wahrnehmens, Denkens und Handelns) geleistet. Es ist deshalb
angebracht, die Grundzüge der gestalttheoretischen Konzeption vor
dem wissenschaftshistorischen Hintergrund jener älteren psychologischen Epoche darzulegen. Nach BÜHLER (vgl: 1927,xi) orientierte
sich die traditionelle europäische Psychologie der Wundtschen Ära
im wesentlichen an vier Axiomen:

A) Das atomistische Axiom:
Die auf den griechischen Materialismus (englischen Empirismus)
zurückgehende elementaristische Denkweise, derzufolge sich die
Welt aus kleinsten nicht weiter teilbaren Bausteinen zusammensetzt, hat in den Naturwissenschaften (speziell in der Chemie)
zu großen Erfolgen geführt. Auf Grund dieser Erfolge wurde das
naturwissenschaftliche Weltbild auf die beginnende Psychologie
des 19. Jahrhunderts übertragen. Nach naturwissenschaftlichem
Ideal faßte man das menschliche Bewußtsein als eine Komplexion
von elementaren Bausteinen auf und suchte nach den fundamentalen Gesetzmäßigkeiten ihrer Verbindung. Mit der Entdeckung der
punktförmigen Sinnesrezeptoren und der darauf aufbauenden eindeutigen Zuordnung einer isolierten Reizung zu einer einzelnen
Sinnesempfindung schien sich diese Annahme zunächst auch zu bestätigen. Man konnte nun eine kleine Anzahl von Rezeptoren experimentell 'reizen', um die elementaren (i.e. nicht mehr weiter zerlegbaren) Empfindungsatome zu erhalten, aus denen sich
das menschliche Bewußtsein zusammensetzen sollte:
"Der Tatsache, daß die unmittelbare Erfahrung zwei Faktoren
enthält, einen objektiven Erfahrungsinhalt und das erfahrende
Subjekt, entsprechen zwei Arten psychischer Elemente, die sich
als Produkte der psychologischen Analyse ergeben. Die Elemente des objektiven Erfahrungsinhalts bezeichnen wir als Empfindungselemente oder schlechthin als Empfindungen: z.B. einen
Ton, eine bestimmte Wärme-, Kälte-, Lichtempfindung usw., wobei jedesmal alle Verbindungen dieser Empfindungen mit andern,
sowie nicht minder die räumliche und zeitliche Ordnung derselben außer Betracht bleiben. Die subjektiven Elemente bezeichnen wir einfach als Gefühle..." (WUNDT, 1896/1913,34-35)

B) Das mechanistische Axiom:
In Analogie zu der naturwissenschaftlichen Methodik der Analyse und Synthese ging die ältere Psychologie des weiteren davon aus, daß sich die im Experiment künstlich isolierbaren Empfindungselemente im Verlaufe des natürlichen Empfindungsprozesses zu summativen Komplexen zusammenschließen. KATZ (1948) hat für diese Auffassung vom Psychischen einmal die treffende Bezeichnung 'Psychische Chemie' verwendet und ein entsprechendes Beispiel angeschlossen:
"Jemand ißt Vanille-Eis. Was sagt die psychische Chemie über den eintretenden Geschmackseindruck? Zunächst konstatiert sie ein Element aus dem Gebiet des Temperatursinnes, nämlich einen Kälteeindruck. Dazu kommt aus dem Geschmackssinn das Element süß, aus dem Geruchssinn der Vanillegeruch, aus dem Tastsinn das Element weich. Wenn man will, so kann man das Ganze noch komplettieren durch die gelbe Farbe, den der Gesichtssinn liefert. Also ergibt sich nach der älteren Psychologie folgende Gleichung: Vanille-Eis = kalt + süß + vanilleartiger Geschmack + weich + gelb. Mit der Aufstellung einer solchen Gleichung glaubte die ältere Psychologie ihre Aufgabe gelöst zu haben. Wie in jeder unorganisierten Summe, so kann man auch in der Summenformel für Eis, ohne wesentliches zu ändern, mit einem anderen Element beginnen oder schließen." (D.KATZ, 1948,12)
Zu den genannten Empfindungsatomen traten in der Assoziationspsychologie die Vorstellungen. Diese wurden als schwächere Abbildungen der Empfindungen gedeutet (vgl.: KATZ, 1948,13). Den Ablauf des Bewußtseins stellte man sich allgemein als Assoziation von Empfindungen und Vorstellungen vor, wobei die Verbindung der einzelnen Elemente den aristotelischen Assoziationsgesetzen der Ähnlichkeit, des Kontrastes, sowie der räumlichen und zeitlichen Nähe folgen sollte.

C) Das sensualistische Axiom:
Die (erkenntnistheoretische) Entwicklungslinie der klassischen Assoziationspsychologie hat ihren Ursprungspunkt im englischen Empirismus des 17. und 18. Jahrhunderts. Diese, auf JOHN LOCKE (1672-1704) und DAVID HUME (1711-1776) zurückgehende philosophische Richtung lehnt eine spekulative bzw. vernunftgebundene Wissenschaftsmethodik ab und erkennt ausschließlich die Erfahrung als Erkenntnisquelle an. So wird die Seele bei JOHN LOCKE nicht im Sinne des aristotelischen Entelechieprinzips, sondern als ein passives Gebilde, eine Art Bühne der Vorstellungen und Assoziationen definiert. Die Seele hat keinerlei schöpferische Energie; sie ist zunächst eine tabula rasa, die erst durch die Vielfalt der Sinneseindrücke geprägt wird. Die Sinneseindrücke bzw. deren Komplexionen wiederum werden in der Seele lediglich widergespiegelt. HERRMANN (vgl.: 1976,580) spricht deshalb von einem "Bühnenschema", d.h. einer psychischen Reduplikation der Außenwelt im Bewußtsein. Dieser Erklärungsansatz wurde von der älteren Psychologie übernommen. Jedem experimentell isolierten Sinnesreiz ordnete man eine elementare Sinnesempfindung zu und erklärte das Bewußtsein dementsprechend aus der Summe der einzelnen Elemente (vgl.: BÜHLER, 1927; KÖHLER, 1930; KATZ, 1948; PONGRATZ, 1967; HERMANN, 1976).

D) Das subjektivistische Axiom:
Der Terminus 'subjektivistisch' bezieht sich zum einen auf den
Forschungsgegenstand der älteren Psychologie, zum anderen aber
auch auf die damit verbundene Forschungsmethode. Die Begründer
der wissenschaftlichen Psychologie machten die menschliche Erlebniswelt zum Gegenstand ihrer Bemühungen. Sie betrieben damit vor allem aus der Perspektive des amerikanischen Behaviorismus, der ausschließlich auf das beobachtbare Verhalten des
Menschen ausgerichtet war, eine 'subjektive' Psychologie (denn
die Erlebniswelt ist der Beobachtung nicht zugänglich). Ebenso
subjektiv wurde die von der älteren Psychologie angewandte Methode der Introspektion eingeschätzt. Der Behaviorismus setzte
deshalb der Selbstbeobachtung die Fremdbeobachtung entgegen.

Den Anlaß zu einer graduellen Distanzierung von der atomistischen
und sensualistischen Denkweise gaben nun (in erster Linie) solche
Beobachtungen, die nicht im Rahmen der oben beschriebenen Axioma-
tik interpretiert werden konnten. Allgemein zeichneten sich diese
Beobachtungen dadurch aus, daß sie eine gewisse Gegensätzlichkeit
zwischen der Erlebniswelt und den damit korrespondierenden physikalischen Tatbeständen andeuteten. Man kann sich diese Diskrepanz
an unzähligen Beispielen verdeutlichen: Gegenstände scheinen ihre
Größe zu verändern, wenn sie aus unterschiedlicher Entfernung betrachtet werden; eine graue Farbfläche erscheint in einem schwarzen Umfeld heller als in einem weißen Umfeld; die beiden Horizon-
talen der Müller-Lyerschen Täuschung scheinen eine unterschiedliche Länge aufzuweisen, etc. Sämtliche dieser perzeptuellen Phänomene widersprechen der sensualistischen Abbildtheorie, nach der
die Wahrnehmungswelt als bloße Reproduktion der transphänomenalen
Außenwelt zu verstehen ist. Einige Psychologen gelangten daher zu
der Ansicht, daß das im menschliche Vorfindliche nicht
als Reduplikation der Außenwelt, sondern als Ergebnis eines höheren psychischen Verarbeitungsvorgangs zu verstehen sei. An dieser
Stelle soll lediglich auf W.WUNDT (1913) verwiesen werden, der in
seinen späteren Werken den Terminus 'schöpferische Synthese' verwendet hat und damit eine Verarbeitung von Sinnesempfindungen auf
einer höheren psychischen Ebene meinte (vgl: HERRMANN, 1976,576).
Trotz dieser erkenntnistheoretischen Modifikationen trennten sich
die meisten Vertreter der älteren Psychologie nicht grundsätzlich
von der elementaristischen bzw. mechanistischen Betrachtungsweise
des Psychischen, sodaß von einem wirklichen Erfolg im Sinne eines
ganzheitspsychologischen Erklärungsansatzes noch nicht gesprochen
werden kann.

Die Anfänge des gestaltpsychologischen Denkens werden zumeist auf
das Jahr 1890 datiert. In diesem Jahr erschien CHR. v. EHRENFELS'
bahnbrechende Abhandlung "Über Gestaltqualitäten", in der er sich
(angeregt durch Überlegungen von MACH (1871) und MEINONG (1888))
mit der Frage befaßte, ob bestimmte Vorstellungsinhalte lediglich
summative Zusammenfassungen (Komplexionen) elementarer Bausteine
seien, oder ob ihnen vielleicht etwas 'Neues' zukäme (Gestaltqualitäten), welches neben den Komplexionen aufzufinden und von diesen zu unterscheiden sei. Er kam zu dem Schluß, daß komplexe Vor-
stellungsgebilde (Ganz-)Eigenschaften aufweisen (Übersummativität

und Transponierbarkeit), die aus der Kenntnis der einzelnen Elemente heraus nicht zu erklären sind. So beispielsweise eine Melodie: sie ist übersummativ, weil sie sich nicht aus der Summe ihrer Einzeltöne erklären läßt (eine Melodie kann fröhlich, traurig oder festlich klingen) und zudem transponierbar, da sie auch dann erhalten bleibt, wenn sie in ein anderes Tonhöhenniveau versetzt wird (vgl.: v. EHRENFELS, 1890/1960,18-19; HERRMANN, 1976,578).

Auf v. EHRENFELS (1890) beriefen sich in der Folgezeit eine Reihe von ganzheitspsychologischen Schulen, die im Unterschied zur atomistisch ausgerichteten Assoziationspsychologie die These von der Ganzbestimmtheit psychischer Prozesse vertraten. Hierzu gehörte neben der 'Österreichischen Schule' (Produktionstheorie) und der 'Leipziger Schule' (Genetische Ganzheitspsychologie) auch die auf WERTHEIMER (1880-1943), KÖHLER (1887-1967) und KOFFKA (1887-1949) zurückgehende 'Berliner Schule der Gestaltpsychologie', die durch ihre außerordentlichen wissenschaftlichen Erfolge zu weltweitem Ansehen gelangte, jedoch "seit der Machtergreifung des Nationalsozialismus das Schicksal der Ausrottung zu vergegenwärtigen hatte" (METZGER, 1976,659). Als eigentlicher Beginn der Gestaltpsychologie gilt MAX WERTHEIMERs Arbeit über das Sehen von Scheinbewegungen (1912), in welcher er die zur damaligen Zeit bereits bekannte Problematik noch einmal anspricht, warum ein aus zwei verschiedenen Richtungen abwechselnd beleuchteter Gegenstand bei extrem kurz aufeinanderfolgenden Beleuchtungswechsel eine visuelle Scheinbewegung ausführt. Dieses sogenannte 'Phi-Phänomen' widersprach sowohl der sensualistischen Reduplikationstheorie, derzufolge die Wahrnehmungswelt ein Abbild der transphänomenalen Wirklichkeit ist, als auch der atomistischen Betrachtungsweise, nach der sich die Wahrnehmungsfakten aus einzelnen unabhängigen Reizen zusammensetzen. Während nun die ältere Psychologie auf oberflächlich zustandegekommene visuelle Urteilstäuschungen verwies, zeigte WERTHEIMER (1912), daß die der Scheinbewegung zugrunde liegenden perzeptuellen Prozesse keineswegs lokalisierte Einzelvorgänge sind, sondern daß diese Prozesse in einem gegenseitigen Wechselverhältnis stehen (vgl: KÖHLER, 1971,29-30). Damit war der Grundstein für eine holistische Wahrnehmungstheorie gelegt.

In den folgenden Jahren entstand darauf aufbauend eine umfassende psychologische Konzeption, die – wie von einigen Autoren bereits gezeigt worden ist – auf zwei Grundannahmen basiert (vgl. hierzu: PIAGET, 1954,72-74; METZGER, 1976,659-687; MEILI, 1976,530; LANG, 1981,158-159; THOLEY, 1983,180-183). Die erste Annahme ist struktureller Natur: sie beinhaltet die Ganzbestimmtheit der Teile jeder psychischen Gegebenheit und ist eng mit dem zentralen Begriff der Gestalt verbunden. Nach KÖHLER (vgl.: 1920/69,17) sind sämtliche psychischen (bzw. auch physischen) Phänomene, die nicht aus der Summation einzelner Elemente zu verstehen sind, als Gestalten zu bezeichnen. WERTHEIMER (1925/69,2) hebt darüberhinaus hervor: "Es gibt Zusammenhänge, bei denen nicht, was im Ganzen geschieht, sich daraus herleitet, wie die einzelnen Stücke sich und sich zusammensetzen, sondern umgekehrt, wo – im prägnanten Fall – sich das, was an einem Teil dieses Ganzen geschieht, bestimmt von inneren Strukturgesetzen dieses Ganzen."

Nach gestalttheoretischer Auffassung setzt sich die Erlebniswirk-
lichkeit also nicht aus der Summe einzelner atomarer Empfindungen
zusammen, sondern wird durch 'ganzheitliche Strukturverhältnisse'
(Gestaltgesetze) bestimmt. Diese lassen sich schon an einfachsten
optischen Figuren nachweisen: In Fig. 1 schließen sich diejenigen
Linien zusammen, die durch kleinere Zwischenräume voneinander getrennt sind. Zwischen diesen Linienpaaren entstehen darüberhinaus
aber auch drei breitere Streifen. Im Gegensatz zu den in nächster
Nähe liegenden Linien lassen sich die Streifen allerdings nur gegen einen deutlich bemerkbaren Widerstand erkennen. Daraus folgt,
daß (unter sonst gleichen Bedingungen) der Zusammenschluß einzelner Teile zu einer Ganzheit im Sinne des geringsten Abstandes erfolgt (Gesetz der Nähe). In Fig. 2 schließen sich einerseits die
dunklen und andererseits die hellen Kreise zu Gestalten zusammen.
Es besteht also (trotz konstanten Abstandes) eine Tendenz zur Zu-
sammenfassung gleichartiger Elemente (Gesetz der Gleichheit). Die
Fig. 3a und 3b verdeutlichen, daß flächenbegrenzende Linien unter
sonst gleichen Bedingungen leichter als ein Ganzes aufgefaßt werden als solche Linien, die keine Fläche bilden. So schließen sich
in Fig. 3a die eng beieinander liegenden Linien 1 und 2, 3 und 4,
5 und 6 etc. zu schmalen Streifen zusammen. In Fig. 3b bilden dagegen die Linienelemente 2 und 3, 4 und 5, sowie 5 und 6 eine Gestalt, während die Streifen in den Hintergrund treten (Gesetz der
Geschlossenheit)(vgl.: KATZ, 1948,30-36).

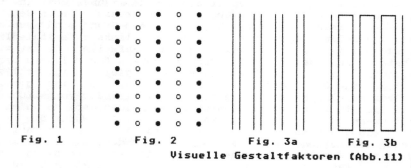

Fig. 1   Fig. 2   Fig. 3a   Fig. 3b
              Visuelle Gestaltfaktoren (Abb.11)

Diese exemplarisch ausgewählten Gestaltgesetze verdeutlichen, daß
den Teilen innerhalb eines Ganzen Eigenschaften zukommen, die sie
isoliert als Einzelgebilde nicht aufweisen. So wird eine einzelne
Linie innerhalb einer geometrischen Figur zu einer Umrandung, ein
Punkt als Bestandteil einer kindlichen 'Strichfigur' zu einem Auge, ein Mensch im Rahmen einer sozialen Gruppe zum Mitglied, etc.
Die Gestaltgesetze zeigen aber auch, daß einzelne Teile durch die
Integration in ein Ganzes Eigenschaften verlieren können, die sie
in isoliertem Zustand besessen haben. Die EHRENFELSsche Inter-
pretation der Gestalt als ein Zusatzphänomen, das neben die Summe
der einzelnen Teile tritt, wird daher von der Berliner Schule der
Gestaltpsychologie abgelehnt. Das Ganze ist nicht 'mehr' als die
Summe seiner Teile, sondern 'etwas anderes' (vgl.: KATZ, 1948,44;
METZGER, 1976,666; THOLEY, 1983,181; ROHRACHER, 1948/88,199-205).

Die zweite Grundannahme der Gestalttheorie ist dynamischer Natur: sie bezieht sich allgemein auf die dem psychischen Geschehen zugrunde liegenden natürlichen Ordnungsprozesse und ist eng mit dem Begriff der Prägnanztendenz (bzw. Tendenz zur guten Gestalt) verbunden. Da die wichtigsten Erkenntnisse zu dieser Problematik auf dem Gebiet der Wahrnehmung gewonnen wurden, soll zunächst auch an dieser Stelle ein Beispiel aus diesem Bereich angeführt werden:

Tastversuch zur Demonstration
der Prägnanztendenz (Abb. 12)
(siehe: METZGER, 1975/86,145)

Wenn man die oben abgebildeten Figuren betrachtet und miteinander vergleicht, so sieht man erstens zwei Bogenpaare, deren Öffnungen gegeneinander gerichtet sind und zweitens, daß die linke Figur im Vergleich zur rechten weitaus weniger vollkommen ist. Kaum jemand wird jedoch bemerken, daß es sich bei der linken Figur eigentlich um Fragmente zweier sich kreuzender Kreise handelt. Insgesamt unterscheiden sich die beiden Gebilde in fünf Aspekten. Während die linke Figur schräg geneigt ist, steht die rechte aufrecht und ihre Achsen stimmen mit den Hauptrichtungen des Raumes überein. Die linke Figur ist außerdem - im Gegensatz zum kreisförmigen Gebilde rechts - ellipsenartig gestreckt. Aus diesem Grund sind auch die einander gegenüberliegenden Kurvenfragmente links unterschiedlich lang, während sie rechts die gleiche Länge aufweisen. Ferner sind die Abstände zwischen den Gliedern der Paare auf der linken Seite ungleichmäßig; auf der rechten Seite jedoch gleichmäßig. Schließlich liegen die Glieder der rechten Kurvenpaare auf einem gemeinsamen Radius, während sie links deutlich aneinander vorbeiführen. Trotz dieser fünf Unterschiede stehen die beiden Gebilde in einem Realzusammenhang. Nach METZGER (vgl: 1975/86,146) wurde die linke Figur in ein Stück Karton punktiert, sodaß die Linienzüge auf der Rückseite des Kartons für eine tastende Hand deutlich zu erkennen waren. Einige Schulkinder wurden später mit verbundenen Augen vor die Aufgabe gestellt die Figur zu ertasten und exakt nachzuzeichnen. Das rechte Gebilde ist eine der zahlreichen Wiedergaben, die die Kinder produzierten. Es ist insgesamt 'prägnanter' als die zu ertastende Vorlage und illustriert auf diese Weise die dynamische Grundannahme der Gestalttheorie, daß die Wahrnehmungsorganisation immanenten Gesetzmäßigkeiten unterliegt, die darauf abzielen, die größte bei einer gegebenen Stimuluskonfiguration mögliche Ordnung herzustellen (Tendenz zur guten Gestalt). KOFFKA (1935) hat diese These folgendermaßen formuliert: "Psychological organization will always be as good as the prevailing conditions allow." (1935,110)

Aus gestaltpsychologischer Perspektive besteht also für sämtliche Wahrnehmungsprozesse die immanente Tendenz, bestimmte ausgezeichnete Zustände anzunehmen, d.h. unter den gegebenen Bedingungen so weit wie möglich eine 'prägnante' (gute) Organisation zu verwirklichen. (vgl.: WERTHEIMER, 1923,301-350; KOFFKA, 1935/63,106-176;

METZGER, 1941/75,199-241; 1963/75,201-231; 1975/86,145-181; LANG, 1981,158; HÜPPE, 1984,5-29) Diese Tendenz setzt sich umso stärker durch, je schlechter die situativen Beobachtungsbedingungen sind. So werden bei entsprechender Darbietung (verzerrt oder stark ver- kleinert, peripher, tachistoskopisch, etc.) fast parallele Linien als Parallelen, Parallelogramme als Rechtecke, leichte Ovale als Kreise, und Winkel von 87° oder 93° als rechte Winkel eingestuft. KATZ (vgl.: 1948,48-50) spricht in diesem Zusammenhang von einem inneren Gestaltdruck, der an Prägnanzfaktoren wie Regelmäßigkeit, Symmetrie, Ausgeglichenheit, Einheitlichkeit, Knappheit, maximale Einfachheit und Geschlossenheit gebunden ist und die Wahrnehmung zur Realisierung einer bestimmten (ausgezeichneten) strukturellen Ordnung drängt.[1] Andere Autoren deuten allgemeiner auf ein "auto- chthones Streben der Wahrnehmung nach Verwirklichung ausgezeich- neter Strukturen" (HÜPPE, 1984,13), das immer dann eintritt, wenn der Organismus mit weniger prägnanten Erscheinungen konfrontiert wird. Auf diese Weise soll zum Ausdruck gebracht werden, daß sich die wahrgenommenen Phänomene prinzipiell den in den einzelnen Ge- stalten angelegten Strukturen annähern (und nicht etwa 'beliebig' im Sinne der Assoziationspsychologie sind). WERTHEIMER (1923/69), METZGER (1941/75) und RAUSCH (1966) haben dieses Ordnungsprinzip am Beispiel eines systematisch variierten Winkels erläutert:

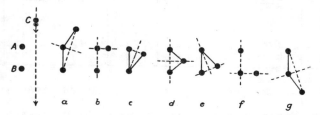

(Abb. 13)

Drei-Punkte-Versuch zur Darstellung von Prägnanzstufen

---

[1] Darauf aufbauend sind weitere Eigenschaften prägnanter (guter) Gestalten identifiziert worden. Der bisher umfangreichste Vor- schlag stammt von RAUSCH (vgl: 1966,905-949), der sieben Präg- nanzaspekte dichotomisch nebeneinander aufführt:

a) Regelmäßigkeit vs. Zufälligkeit
b) Eigenständigkeit vs. Abgeleitetheit
c) Integrität vs. Privativität
d) Einfachheit vs. Kompliziertheit
e) Komplexität vs. Elementarreichtum
f) Ausdrucksstärke vs. Ausdrucksschwäche
g) Bedeutungsfülle vs. Bedeutungsarmut

Modifikationen dieser Systematik finden sich bei BOCK (1981), ZOLTOBROCKI (1982) und METZ-GÖCKEL (1983). Auf diese Arbeiten kann hier jedoch nicht näher eingegangen werden. Einen knappen Überblick zur Prägnanzproblematik bietet HÜPPE (1984).

Wenn parallel zu einem Paar vertikal angeordneter Punkte (AB) ein
dritter (C) von oben nach unten vorbeigeschoben wird, so erreicht
dieser Punkt (C) mehrmals eine Position, in der er mit den beiden
ortsfesten Punkten (AB) ein rechtwinkliges oder gleichschenkliges
(prägnantes) Dreieck bildet (vgl: Abb.13). Zwischen diesen ausgezeichneten Positionen, die WERTHEIMER (1923) als "Prägnanzstufen"
bezeichnet hat, liegen jedoch auch weniger prägnante Bereiche.
Diese können 1.) als Abweichungen von den prägnanten Winkelreali-
sierungen erlebt werden. So erscheint ein Winkel von etwa 93°als
ein annähernd rechter Winkel, als "unvollkommenere Ausgabe" eines
rechten Winkels (RAUSCH, 1966,907). Sie können darüberhinaus aber
2.) auch als "flaue", "nichtssagende" Zwischenbereiche (METZGER,
1941/75,66) und sogar 3.) als zwiespältige, ambivalente (zwischen
zwei prägnanten Bereichen schwankende) Realisierungen eingeordnet
werden. Innerhalb einer Reihe von ähnlichen Winkelphänomenen sind
demzufolge einige Strukturen als Prägnanzstufen ausgezeichnet und
dienen in funktionaler Hinsicht als Bezugspunkte für alle anderen
Gruppenmitglieder. RAUSCH (1966,910) hat die Winkelprägnanzstufen
folgendermaßen dargestellt:

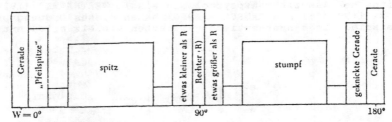

Winkelprägnanzstufen nach RAUSCH (1966,910)(Abb.14)

"1.) Es gibt den Prägnanzcharakter des rechten Winkels, der nicht
als punktueller Wert, sondern ... als Bereich wiedergegeben ist.
2.) Es gibt die Winkelphänomene 'etwas größer als eine Rechter'
und 'etwas kleiner als ein Rechter' ... 3.) Es gibt die Phänomene
'spitzer Winkel' und 'stumpfer Winkel', beide in einem breiten w-
Bereich. 4.) Für sehr kleine w-Werte verliert das Phänomen den
Winkelcharakter, wird z.B. zu einer Art Pfeilspitze. 5.) Schließlich, für w~0, geht das anschauliche Gebilde in eine Gerade über.
6.) Sehr große, nicht weit unter 180° bleibende, w-Werte lassen
wiederum den Winkelcharakter verloren gehen; es entsteht eine ge-
knickte Gerade. 7.) Für w~180° ergibt sich wieder eine richtige
Gerade ... Die vier Senken in dem Profil sollen anzeigen, an welchen Stellen der w-Skala (ungefähr) die indifferent-flauen und
die zwiespältigen Phänomene liegen. Für sie besteht so etwas wie
ein Realisierungshorror: Es herrscht die Tendenz, sie zu dem Bereich einer Nachbarprägnanz zuzuschlagen ... und dieses 'Einge-
meindungsstreben' läuft eben auf Einschränkung des eigenen Ver-
wirklichungsbereichs, im Grenzfall auf völligen Verlust der Existenz, hinaus." (RAUSCH, 1966,910)

Diese Ausführungen verdeutlichen, daß sich innerhalb einer Gruppe
oder Kategorie von ähnlichen Phänomenen stets das Unprägnante auf

92

das Prägnante (bzw. den prägnanten Bezugspunkt) bezieht. Eine Umkehrung dieses asymmetrischen Ähnlichkeitsverhältnisses ist dagegen grundsätzlich ausgeschlossen. METZGER (1941/75,66) kommt zusammenfassend zu dem Schluß: "... die schlechte Gestalt sieht der ausgezeichneten ähnlich, aber nicht umgekehrt."[1]

3.1.1. Begriffe und Wortbedeutungen:

Die oben aufgeführten Prinzipien der Ganzbestimmtheit und der natürlichen Ordnung, die vornehmlich bei der Untersuchung von Wahrnehmungsphänomenen entdeckt wurden, lassen sich nach gestalttheoretischer Auffassung auch auf die Bereiche des begrifflichen Denkens und des Sprechens übertragen (vgl. hierzu: WERTHEIMER, 1912; KOFFKA, 1925/66; METZGER, 1941/75; ARNHEIM, 1969/80). Es wird die Ansicht vertreten, daß sich das begriffliche Denken (großenteils) schon in der Wahrnehmung 'vollzieht' und wesentlich von deren Eigentümlichkeit determiniert wird. Denken ist demnach kein höherer kognitiver Prozeß, in welchem die anschaulich gegebenen Wahrnehmungsfakten aufgegriffen und zu abstrakten konzeptuellen Strukturen verarbeitet werden. Wahrnehmung und Denken sind vielmehr komplementäre Prozesse innerhalb eines komplexen Erkenntnisvorgangs. So besteht die Wahrnehmung nicht im passiven Aufzeichnen und summativen Zusammenfügen von elementaren Sinnesempfindungen, sondern im Erfassen allgemeiner Wesens- und Struktureigenschaften, die in der jeweiligen Reizgesamtheit vorgefunden bzw. ihr auferlegt werden. Das anschaulich Gegebene wird in der Wahrnehmung von den Umwelteinflüssen gelöst und auf invariante Aspekte reduziert, sodaß seine Unveränderlichkeit in den Vordergrund tritt (Konstanzphänomen). Jeder Wahrnehmungsvorgang ist in diesem Sinne schon ein Akt der Abstraktion. ARNHEIM (vgl.: 1969/80,37,162) spricht in diesem Zusammenhang von einer "anschaulichen Abstraktion" bzw. "Primärabstraktion", die im Gegensatz zu einer mechanischen Reproduktion auf das Wesentliche der Erscheinung ausgerichtet ist und zur Entstehung von verhältnismäßig einfachen Anschauungsbegriffen führt. Solche Anschauungsbegriffe bzw. Wahrnehmungskategorien beinhalten ausschließlich Strukturinformationen oder Wesenseigenschaften und ermöglichen auf diese Weise die Differenzierung eines Objekts von seinen vielfältigen Erscheinungsformen.

---

[1] Das Beispiel der Winkelprägnanzstufen zeigt darüberhinaus, daß sich der Begriff der Prägnanzstufe primär auf die Beschreibung und Klassifizierung der phänomenalen Wirklichkeit bezieht. Er unterscheidet sich damit vom Begriff der Prägnanztendenz, der die Diskrepanz zwischen phänomenaler und physikalischer Realität thematisiert und vor allem zur Erklärung der Wahrnehmungsorganisation herangezogen wird.

Vom 'Wesen' bzw. von der 'Strukur' eines Objektes kann man jedoch
nur dann sprechen, wenn es sich um eine organisierte Gestalt handelt, in der gewisse Teile besonders wichtig, andere dagegen eher
zweitklassig oder zufällig sind (vgl.: 3.1.). Anschauungsbegriffe
können daher nicht im Sinne von Merkmalssummen interpretiert werden, die aus einer Anzahl von Einzelexemplaren extrahiert werden.
Dies läßt sich an einem einfachen Beispiel verdeutlichen (Abb.15)

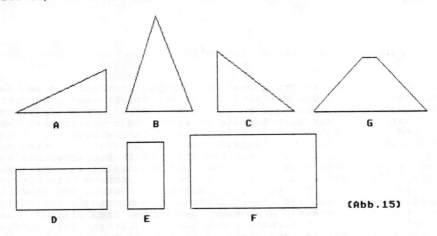

(Abb. 15)

Wenn man die Zeichungen A bis C miteinander vergleicht, so stellt
man fest, daß bestimmte Eigenschaften in allen drei Gebilden vorhanden sind. Diese Eigenschaften sind (in Anleh-
nung an die systemlinguistische Merkmalskonzeption): [+dreieckig]
[+geradlinig begrenzt] (vgl.: 2.1.). Dementsprechend sind die gemeinsamen Merkmale der Figuren D bis F: [+viereckig] [+geradlinig
begrenzt]. Man könnte nun behaupten, daß das 'Vorhandensein' oder
'Fehlen' eines dieser Merkmale über die Zugehörigkeit der Gebilde
A bis F zu den Begriffen 'Dreieck' und 'Viereck' entscheidet. Die
Figur G beweist jedoch das Gegenteil. Obwohl die Merkmale [+vier-
eckig][+geradlinig begrenzt] existent sind, ordnet man sie sofort
den Dreiecken zu. Das Gebilde G ist geometrisch zwar ein Viereck,
im begrifflichen Sinne allerdings ein 'abgeschnittenes' Dreieck.
Die Existenz oder Nicht-Existenz gewisser Merkmale ist demzufolge
nicht unbedingt entscheidend für die Zugehörigkeit eines Objektes
zu einem Begriff. Vielmehr scheint sich das begriffliche Zuordnen
an dem zu orientieren, was sich in den 'prägnantesten' Beispielen
verkörpert. ARNHEIM (vgl.: 1969/80,170) verwendet hierfür den Begriff des "Typus", der die gemeinsamen Züge der begrifflichen Kategorie am deutlichsten (klarsten) aufzeigt, während die Mehrzahl
der Kategorienmitglieder nur ein unvollkommenes Bild liefert.

METZGER (vgl.: 1941/75,229) vertritt die Auffassung, daß Begriffe
vielfach mit den anschaulichen Prägnanzstufen und deren Bereichen
zusammenfallen. Es gibt demnach mehr oder minder gute (prägnante)
Verwirklichungen eines Begriffs, die sich als Abweichungen um die

einzelnen prägnanten Stufen gruppieren (vgl: 3.1.). Manchmal sind
die Abweichungen so stark, daß sie nur schwer einer Prägnanzstufe
zugeordnet werden können. Es finden sich deshalb auch Überschneidungen zwischen zwei Prägnanzstufen (bzw. Typen). Daraus darf jedoch nicht geschlossen werden, daß die 'Randzonen' eines Begriffs
unscharf umrissen sind. Nicht die Begriffe sind unscharf, sondern
ihr Anwendungsbereich (ihre Extension). Dort finden sich Gradien-
ten, die unterbrechungslos von den reinsten Verkörperungen zu immer schwächeren Ausprägungen führen (vgl.: ARNHEIM, 1969/80,170).

Da nun die äußere Realität einerseits vielfältige Schattierungen,
Abstufungen und Überschneidungen offenbart, das begriffliche Den-
ken andererseits aber klar umgrenzte Einheiten benötigt, wird die
Sprache als unterstützendes Medium hinzugezogen. Jeder Typus wird
mit einem relativ leicht zu unterscheidenden sprachlichen Zeichen
verbunden und auf diese Weise als konzeptuelle Einheit gefestigt:
"Die Sprache nun hilft dem menschlichen Geist, intellektuelle
Einheiten zu verfestigen und zu bewahren... Der Begriff Baum be-
ruht auf einer endlosen Vielfalt von Bäumen verschiedener Form,
Farbe, Größe; er wohnt jedem Exemplar der Gattung inne, ist aber
mit keinem identisch. Weiterhin ist der Bereich eines solchen Ty-
penbegriffs auch nicht klar umschrieben, sondern geht in Nachbar-
begriffe über. Das Baumhafte grenzt an das Gebüschhafte, Gemüse
grenzt an Frucht, Geige an Bratsche, das Romantische ans Gotische
[und] Fräulein Hanna an Fräulein Klara. Das Denken braucht klar
umschreibende Typen, und die Wahrnehmung ist darauf auch einge-
richtet, aber die Rohstruktur der Erfahrung liefert keine schar-
fen Unterschiede, kein einfaches Entweder-Oder; sie ist voller
Bereiche, Abschattierungen, Stufungen. Hier hilft die Sprache
aus... Jeder Typus erhält sein einzigartiges, unterscheidbares
Zeichen. Zwar sind die visuellen und akustischen Formvariablen
der Sprache primitiv, doch reichen sie aus, um beim Aussortieren
der Sinneswelt tatkräftig mitzuhelfen. Wörter sind wie Zeiger,
die am laufenden Umriß eines Gebirgsprofils die hervorragenden
Bergspitzen aussondern helfen. Gewiß sind diese Gipfel nicht von
den Zeigern geschaffen; sie sind objektiv gegeben. Aber die Zeiger bestärken den Betrachter im Unterscheiden." (Eig. Ergänzungen
in Klammern)(ARNHEIM, 1969/80,222-223)

Wörter sind demnach nicht einfach 'dem fertigen Namen angeheftete
Namensschildchen' (vgl.: SAPIR, 1921,11), sondern wichtige Hilfs-
werkzeuge, die der Festigung und Bewahrung konzeptueller Strukturen dienen. Sie beeinflussen die Organisation des Denkens und ermöglichen zudem eine von der Sinneserfahrung unabhängige Wissens-
vermittlung. Im negativen Sinne kann die relativ große Beständig-
keit der Verbindung von Wort und Begriff jedoch auch zu einer Er-
starrung oder Einengung der damit verbunden Wortbedeutung führen.
Es können sich einige Aspekte der begrifflichen Struktur als Pri-
märbedeutung(en) des Wortes herauskristallisieren, während andere
allmählich in Vergessenheit geraten. Dieser Wandlungsprozess läßt
sich vor allem darauf zurückführen, daß jeder mit einem Wort verbundene Begriff in Abhängigkeit von den sozialen bzw. kulturellen
Erfahrungen des Individuums auf unterschiedliche Teilbedeutungen
festgelegt werden kann (vgl.: ARNHEIM, 1969/80,237-238).

Dieser Darstellung ist zu entnehmen, daß die gestalttheoretischen Aussagen zur Struktur von Begriffen und Wortbedeutungen allgemein mit der gegenwärtigen Prototypenkonzeption (MERIVS & ROSCH, 1981) übereinstimmen (vgl. hierzu auch: GOLDMEIER, 1982,74-82,110-112). Es erscheint deshalb gerechtfertigt, auch im Bereich der entwicklungspsychologischen Theoriebildung auf gestaltpsychologische Arbeiten zurückzugreifen, um die Prototypenkonzeption im Sinne einer explikativen Theorie der (Farb-)Bedeutungsentwicklung zu erweitern.

3.2. Strukturphänomene und Kohärenzerlebnisse: Einige entwicklungspsychologische und patholinguistische Erkenntnisse der Gestalttheorie

> *Die natürliche Entwicklung der Begriffe verläuft so wenig wie die Entwicklung der Zusammenhangsverhältnisse einfach in einer Richtung, sondern es erfolgen zu gleicher Zeit Erweiterungen, Verengungen und Verschiebungen des Umfangs, je nach dem Verhältnis zwischen dem ursprünglichen Begriffsbereich und dem in den verschiedenen Sprachen sehr unterschiedlichen Begriffsbereich des allgemeinen Sprachgebrauchs, in den man hineinwächst"* (METZGER, 1941/75,334)

Bereits in den frühen zwanziger Jahren (1921) erschien die bisher umfangreichste und umfassendste gestaltpsychologische Monographie zum Problem der Entwicklung des Psychischen, nämlich KURT KOFFKAs "Grundlagen der psychischen Entwicklung". KOFFKA (1925/66,98-108) beschreibt die geistige Entwicklung darin als einen konstruktiven und (vor allem) aktiven Prozess der Differenzierung, Umgestaltung und Vervollkommnung von psychischen Strukturen. Er sieht das Kind nicht als ein von (überwiegend) exogenen Einwirkungen gesteuertes Wesen, sondern als ein aktives Individuum, das seine Umwelt weitgehend selbständig erkundet und seinem Entwicklungsstand entsprechend organisiert. Nach KOFFKA (1925/66) entdeckt das Kind in der Auseinandersetzung mit der Umwelt wichtige strukturelle Zusammenhänge, die - ausgehend von einfachen Figur-Grund Beziehungen - zu immer komplexeren Erkenntnisstrukturen (Strukturgesetzlichkeiten) ausdifferenziert werden. Eine externe Motivation oder Verstärkung im Sinne der Lerntheorie des amerikanischen Behaviorismus braucht dabei jedoch nicht zu erfolgen. Der Impuls zur Reorganisation des kindlichen Wissens ergibt sich vielmehr aus einer natürlichen und übergreifenden Tendenz zur Ordnung. Diese Tendenz wird immer dann wirksam, wenn Widersprüche bzw. Konflikte zwischen dem jeweiligen Stand der kindlichen Erkenntnis und einigen bis dahin unbekannten Umweltinformationen eintreten.

Als Beispiel führt KOFFKA (vgl.: 1925/66,198-212) die Entwicklung
der Farbwahrnehmung bzw. Farb-Enkodierung an. Er hebt hervor, daß
sich das Kind bereits im Laufe des ersten Lebensjahres hellen Objekten zuwendet und unterschiedlich auf Hell und Dunkel reagiert.
Diese ersten Erlebnisqualitäten dürfen nach seiner Auffassung jedoch nicht mit den achromatischen Farbphänomenen Schwarz und Weiß
verwechselt werden. Sie stellen stattdessen einfache perzeptuelle
'Niveau'-Unterschiede (im Sinne einer Figur-Grund Beziehung dar):
Das Helle hebt sich als Figur (Qualität) vom gleichförmigen Grund
ab und diese Struktur geht in das Gedächtnis des Kindes ein.

Sehr früh schon werden auch die stärker gesättigten chromatischen
Farben gegenüber den achromatischen (tonfreien) Helligkeitsstufen
bevorzugt. KOFFKA (vgl: 1925/66,200) nimmt daher an, daß ein Kind
in dieser Entwicklungsphase relativ diffuse Strukturphänomene von
Grau und Nicht-Grau erlebt, wobei unter Nicht-Grau ausschließlich
die chromatischen (bunten) Farbnuancen zu verstehen sind. Er fügt
allerdings einschränkend hinzu, daß (möglicherweise) zunächst nur
die langwelligen (warmen) Farben mit den verschiedenen Graustufen
des Hintergrundes eine Farbstruktur bilden, da diese sich im Vergleich mit den kurzwelligen (kalten) Farberscheinungen deutlicher
von dem farblosen Grund abheben. Die Entwicklung der Farbwahrnehmung wäre also zunächst folgendermaßen zu verstehen: a) Differenzierung von 'hell' und 'dunkel'; b) Differenzierung von 'farbig'
und 'farblos', wobei zunächst b_1) 'langwellig' und 'farblos' und
anschließend b_2) 'kurzwellig' und 'farblos' unterschieden werden.
Für diese Auffassung spricht auch die Tatsache, daß Kinder zu Beginn der Farbbedeutungsentwicklung häufig nur ein einzelnes Farbwort für sämtliche chromatischen Farbphänomene verwenden, während
sie die achromatischen Farbnuancen Schwarz, Weiß und Grau nie mit
diesem Farbwort belegen. Offenbar besitzen also die chromatischen
Farben gegenüber den achromatischen Farben eine gemeinsame Eigenschaft, die viel stärker hervortritt als ihre Verschiedenheit und
einen großen Einfluß auf die Enkodierung des Farbraumes ausübt.

Der perzeptuellen Differenzierung von bunten und tonfreien Farben
folgt nach KOFFKA (vgl.: 1925/66,205) ein Entwicklungsstadium, in
dem die Verschiedenheit von warmen und kalten Farbphänomenen entdeckt wird. Das Kind verwechselt nun möglicherweise Blau und Grün
bzw. Rot und Orange, jedoch bemerkt es gleichzeitig auch die Verschiedenheit von Blau bzw. Grün auf der einen Seite, sowie Orange
bzw. Rot auf der anderen. Die frühen Strukturen b_1) 'langwellig'
(warm) und 'farblos', sowie b_2) 'kurzwellig' (kalt) und 'farblos'
werden also durch die Farbstruktur c) 'warm' und 'kalt' ersetzt.
Anschließend erfolgt die Ausdifferenzierung der warmen und kalten
Farben, sodaß jetzt die vier Grundfarben Rot, Blau, Gelb und Grün
auftreten. Dabei wird jede Grundfarbe in ein komplexes System von
Farbstrukturen integriert. So könnte die Farbe Rot beispielsweise
in folgenden Farbstrukturen auftreten: Rot und Nicht-Rot, Rot und
Blau, Rot und Grün, Rot und Gelb; aber auch 'rot-warm' und 'kalt'
bzw. Rot und 'farblos'. Zur vollständigen Ausbildung dieses Farbsystems bedarf es jedoch eines längeren Entwicklungprozesses, der
durch die allmähliche Identifizierung der Zwischenfarben (Orange,
Violett, Rosa, etc.) noch zusätzlich kompliziert wird.

Nach KOFFKA (1925/66) besteht die Entwicklung der Farbwahrnehmung also darin, daß aus primitiven Strukturphänomenen immer differenziertere Farbstrukturen gebildet werden. Das Kind erlebt zunächst einfache Niveau-Unterschiede von Hell und Dunkel, entdeckt später die strukturelle Verschiedenheit von einigen (für den Erwachsenen 'weit entfernten') Farbphänomenen und konstruiert schließlich ein System von Farbstrukturen, in dem selbst die feinsten Farbnuancen eine feste Position innehaben. Dabei brauchen die Bedingungen für die Entstehung eines solchen Farbsystems immer weniger günstig zu sein: Während Farbunterschiede anfangs nur dann empfunden werden, wenn zwei Farben in eine klare Struktur treten bzw. sich deutlich voneinander abheben, vermag das Kind später auch dann noch Unterschiede zu erkennen, wenn die betreffenden Farbnuancen eine weitaus weniger deutliche Struktur bilden. KOFFKA (vgl.: 1925/66,186) vertritt deshalb die Auffassung, daß eine unter günstigen äußeren Bedingungen entstandene Farbstruktur dann auch unter weniger günstigen äußeren Bedingungen auftritt.[1]

Diese Position erhält durch eine experimentelle Untersuchung, die KÖHLER (1918) an Menschenaffen vornahm, eine gewisse Bestätigung: Den Tieren wurden dabei einige Farbnuancen (ABCDE) paarweise vorgelegt, wobei die einzelnen Farben zwischen Rot und Blau (Rot und Gelb) variierten und für einen (erwachsenen) Menschen deutlich zu unterscheiden waren. Die 'roteste' Farbe war E. Es sollte gelernt werden, im Paar BC die starke rote Farbe C zu kennzeichnen. Diese Aufgabe konnte nicht gelöst werden, sodaß die Versuche am weniger ähnlichen Paar BD fortgesetzt werden mußten. Hier waren die Tiere sofort erfolgreich. Als ihnen anschließend nun wieder das Paar BC geboten wurde, wurde ausnahmslos richtig C und einige Zeit später bei dem Paar CD auch ausnahmslos richtig die Farbe D gewählt. Die weniger deutlichen Farbstrukturen BC und CD waren also anfänglich nicht auszubilden, obgleich sie auch gelegentlich wirksam wurden. Erst nachdem die unter günstigen Bedingungen entstandene Struktur BD gefestigt war, konnten unter weniger günstigen Bedingungen die Strukturen BC und CD ausgebildet werden.

Bezüglich der Ontogenese des Farbvokabulars geht KOFFKA (1925/66) daher davon aus, daß Farbbedeutungen generell aus der Bildung und graduellen Vervollkommnung von Farbstrukturen entstehen. Das Kind verbindet im Rahmen der Bedeutungsentwicklung nicht etwa einzelne Farbempfindungen (im assoziationspsychologischen Sinne) mit einem Farbwort, sondern 'strukturelle Informationen', die immer weiter ergänzt und ausdifferenziert werden. Da die ersten Farbstrukturen

---

[1] "Ist einmal unter bestimmten äußeren Bedingungen eine neue Struktur entstanden, so bleibt diese Leistung dem Organismus irgendwie erhalten. Die Struktur wird sich bei Wiederholung der äußeren Umstände viel leichter und schneller einstellen als das erstemal, sie wird auch dann entstehen, wenn die äußeren Umstände verändert und nicht mehr ebenso günstig sind wie das erstemal, oder wenn sie unvollständig sind, so daß sie von sich aus nur eine Teilstruktur bedingen würden." (1925/66,186)

zunächst noch wenig differenziert sind, werden die entsprechenden Farbwörter häufig übergeneralisiert. Diese 'Fehler' werden jedoch mit der Ausbildung 'neuer' Strukturen und der nachfolgenden Umgestaltung des kindlichen Bedeutungssystems allmählich berichtigt.[2]

Vor dem Hintergrund dieser gestaltpsychologischen Konzeption, die sich hauptsächlich mit der Entstehung von Farbkategorien befaßt, stellt sich nun die weiterführende Frage, welche psychischen Faktoren die Ausdifferenzierung von Farbkategorien (Farbbedeutungen) determinieren. Hierzu sind in den entwicklungspsychologischen Abhandlungen der Gestalttheorie (bisher) keine Erklärungen erfolgt. Einen ersten Anhaltspunkt könnte jedoch eine 'patholinguistische' Studie zur Farbennamenamnesie bieten, die GELB & GOLDSTEIN (1925) im Rahmen ihrer psychologischen Analysen hirnpathologischer Fälle veröffentlichten. GELB & GOLDSTEIN (vgl.: 1925,128-129) berichten darin von einem im ersten Weltkrieg verwundeten jungen Patienten, der als Folge einer zerebralen Schädigung eigentümliche Störungen im Umgang mit Farben (bzw. Farbwörtern) erkennen ließ, ohne dabei allerdings eine Beeinträchtigung der Farbwahrnehmung zu haben. So war der Patient im allgemeinen nicht in der Lage a) wahrgenommene oder vorgestellte Farben korrekt zu benennen, b) zu (irgend)einem Farbwort alle entsprechenden Farbnuancen aus einer größeren Menge von Stimuli herauszusuchen oder auch c) eine bestimmte Farbnuance als Vertreter einer Farbkategorie aufzufassen. Die Unterscheidung von Farben (etwa bei Farbtüchtigkeitstests) bereitete ihm dagegen keine Schwierigkeiten.

Um die Ursachen dieser komplexen Störungen zu ergründen, stellten GELB & GOLDSTEIN (1925) ihren Patienten vor die Aufgabe, zu einer ihm vorgelegten Farbnuance alle verwandten, d.h. alle ihm dunkler oder heller erscheinenden Nuancen aus einer Ansammlung von bunten Wollsträhnen (Holmgrensche Wollproben) auszuwählen. Dabei zeigte sich, daß der Patient im Gegensatz zu einem gesunden Menschen nur dann mit seiner Auswahl zufrieden war, wenn er objektiv sehr ähnliche oder identische Farben gefunden hatte. Er ließ außerdem ein vom Gesunden deutlich abweichendes Zuordnungsverhalten erkennen: " ... der Patient [ging] stets zögernd und langsam vor und griff ebenso oft nach völlig falschen Farben wie nach richtigen. Man hatte den Eindruck, daß er sich niemals für eine Farbe wirklich entscheiden konnte. Er griff auch oft nach helligkeitsähnlichen Farben, statt nach tonähnlichen [!], und manche seiner Wahlen erschienen zunächst ganz unerklärlich. Auffallend war außerdem, daß er in einer beträchtlichen Zahl von Fällen an ganz ähnlichen Farben achtlos vorbeiging und oft eine 'richtige' Strähne, die er schon in der Hand hielt, wieder zurücklegte." (GELB & GOLDSTEIN, 1925,145)(Eig. Ergänzungen in eckigen Klammern)

---

[2] Nach unserer Theorie hängt die Erlernung von Farbennamen davon ab, daß die richtigen Farbstrukturen entstehen können. ... Das Primäre war für uns die Struktur, das Sekundäre der Name." (KOFFKA, 1925/66,206)

GELB & GOLDSTEIN (vgl.: 1925,149-154) interpretierten dieses Verhalten dahingehend, daß Patienten mit den Symptomen der Farbennamenamnesie über keine festen Klassifizierungsprinzipien verfügen: Während gesunde Menschen bei der oben genannten Zuordnungsaufgabe sämtliche Farben auswählen, die irgenwie zum Grundton des Musters passen, hielt sich der Patient in außergewöhnlich starkem Maße an den konkreten, individuellen Eindruck der vorgegebenen Farbnuance und wählte nur solche Farben, die in irgendeiner Hinsicht dem Muster besonders ähnlich waren. Der Patient betrachtete den vor ihm liegenden Farbkomplex also nicht unter einem bestimmten Gesichtspunkt (zum Beispiel unter dem Gesichtspunkt der Röte oder Bläue), sondern ließ sich durch das konkrete Ähnlichkeits- bzw. Kohärenzerlebnis leiten, das immer dann auftrat, wenn er zwei Farbnuancen in eine Farbstruktur brachte. Jedes Muster löste bei ihm ein charakteristisches Farberlebnis aus, das einmal durch den besonderen Farbton, ein anderes Mal durch die auffällige Helligkeit oder die intensive Sättigung bestimmt wurde. Daher war es möglich, daß objektiv verschiedene Farben aufgrund ihrer gemeinsamen auffälligen Helligkeit als einander zugehörig angesehen werden konnten (etwa: Hellgelb und Weiß, Grau und Weiß, oder Hellrot und Hellgrün). Der Kranke verfügte also über kein Zuordnungsprinzip, sondern war dem im Wahrnehmungsmaterial vorgegebenen Kohärenzen sozusagen 'ausgeliefert'. Er war (mit anderen Worten) nicht dazu fähig, eine konkrete Farbnuance aus dem anschaulich gegebenen Farbkomplex zu lösen und als Mitglied einer Farbkategorie aufzufassen.[3]

Inwiefern lassen sich diese Befunde nun auf den Bereich der kindlichen Farbbedeutungsentwicklung übertragen? Welche Zusammenhänge bestehen zwischen dem Benennungsverhalten von Kindern und dem anschaulich-konkreten Verhalten des von GELB & GOLDSTEIN (1925) betreuten Patienten? Treten 'Kohärenzerlebnisse' auch im Rahmen der Bedeutungsentwicklung von Farbwörtern auf? Auf welche Weise könnte sich ein Kind von eventuell auftretenden 'Kohärenzerlebnissen' lösen und zu adäquaten Farbbedeutungen (Farbkategorien) gelangen?

---

[3] GELB & GOLDSTEIN (vgl: 1925,150) sprechen in diesem Zusammenhang von einem unrationellen, konkret-anschaulichen, "biologisch-primitiveren" und lebensnäheren Verhalten des Patienten, das vollkommen passiv war und durch die jeweils vorhandenen Kohärenzerlebnisse determiniert wurde. Der Patient war nicht im Stande den vor ihm liegenden Farbkomplex instruktionsgemäß nach einem 'abstrakten' Gesichtspunkt zu durchsuchen.

3.3. Farbstrukturen und kognitive Gestalten: Die Bedeutungsentwicklung von Farbwörtern

"Beim Sprechenlernen der kleinen Kinder ist die zunächst unglaubhafte Weite und die allmähliche Verengung und Vermehrung der Prägnanzbereiche für die Lautgestalten ebenso wie für die Sachgestalten eine auffallende, aber nicht gründlich untersuchte Erscheinung." (METZGER, 1941/75,67)

Nach dem gegenwärtigen Stand der Forschung sind zwei verschiedene Phasen der kindlichen Farbbedeutungsentwicklung zu unterscheiden: In einer ersten Phase werden die prototypischen (fokalen) Zentren des chromatischen Spektrums identifiziert und einige (auffällige) Entitäten als Primärreferenten der entsprechenden Grundfarbwörter enkodiert. In einer zweiten Phase werden dann - unter dem Einfluß der jeweiligen Umweltbedingungen - die referentiellen Peripherien der einzelnen Grundfarbwörter ausdifferenziert. Es ist allerdings noch weitgehend ungeklärt, welche besonderen Entwicklungsprozesse an der äußerst langwierigen Ausdifferenzierung der referentiellen Grenzbereiche beteiligt sind (vgl: 2.2.1.). Im folgenden soll nun ein Erklärungsansatz vorgestellt werden, der - ausgehend von den patholinguistischen Erkenntnissen und entwicklungspsychologischen Hypothesen der Gestalttheorie - zu einem besseren Verständnis der involvierten Entwicklungsprozesse beitragen könnte:

Wenn man das 'konkret-anschauliche' Klassifizierungsverhalten des von GELB & GOLDSTEIN (1925) betreuten Patienten mit dem Verhalten des Kindes zu Beginn der Farbbedeutungsentwicklung vergleicht, so sind einige interessante Parallelen festzustellen. Ebenso wie der Patient vermag das Kind nur selten a) eine vorgegebene Farbnuance korrekt zu benennen und b) zu einem Farbwort sämtliche Referenten aus einer bestimmten Farbkonfiguration auszuwählen. Darüberhinaus verhält sich das Kind auch bei der Klassifizierung bzw. Benennung von Farben häufig in ähnlicher Weise wie der Patient. Es sortiert und benennt bestimmte Farben nach (scheinbar) ständig wechselnden Gesichtspunkten, d.h. manchmal nach ihrer Helligkeit, ein anderes Mal nach ihrer Sättigung oder nach ihrem Farbton.

Eine umfassende empirische Dokumentation dieses außergewöhnlichen Benennungsverhaltens hat E.BARTLETT (1976) vorgelegt. Daraus geht beispielsweise hervor, daß ein Großteil der getesteten Kinder die vier ungesättigten Farben Schwarz, Weiß, Grau und Dunkelbraun mit einem gemeinsamen Farbwort (z.B.: 'weiß') benannte. Andere Kinder ordneten die unmittelbar aneinander angrenzenden Farben Blau, Rot und Violett, bzw. Orange, Rot und Gelb einem gemeinsamen Farbwort zu. Grundsätzlich bezeichneten die Kinder (2.4 - 4.0 Jahre) immer solche Farben mit einem einzigen Farbwort, die ihnen in Bezug auf einen der drei Aspekte Farbton (hue), Helligkeit (brightness) und Sättigung (saturation) ähnlich erschienen. BARTLETT (1976) schloß aus diesem Verhalten, daß Kinder schon sehr früh über Zuordnungsprinzipien verfügen, die der Erwachsenensprache entsprechen:

".. Children have some stable and systematic hypotheses about the kinds of colours that can be given the same name. Furthermore, by the time children have acquired four or five correct referents, a significant proportion of their lexical concepts seem to be organized around two of the adult conceptual dimensions, colour adjacency and level of saturation (but not level of brightness). Finally, since all but two children had no difficulty discriminating and matching these colours after the first assessment, these groupings cannot be accounted for solely on the basis of perceptual confusion, but must reflect some conceptual organization of distinct perceptions." (BARTLETT, 1976,102)

Vor dem Hintergrund der Studie von GELB & GOLDSTEIN (1925) könnte das Benennungsverhalten der Kinder aber auch auf das Fehlen eines (konzeptuellen) Ordnungsprinzips zurückgeführt werden. Demzufolge wäre die Subsumtion der Farben Schwarz, Weiß, Grau und/oder Braun keine konzeptuell gesteuerte Aktivität, sondern ein von visuellen (konfigurativen) Faktoren abhängiges Verhalten. Die Kinder hätten aus dieser Perspektive keinesfalls die vor ihnen liegenden Farben unter einem abstrakten Gesichtspunkt (i.e. Sättigung) betrachtet, sondern wären (wie der Patient mit den Symptomen der Farbennamenamnesie) von konkreten (d.h. in der Reizkonfiguration angelegten) Kohärenzerlebnissen zu einem bestimmten Ähnlichkeitsurteil veranlaßt worden. Die Kinder wären also durch die in der Konfiguration prävalierenden Kohärenzen 'in eine bestimmte Beobachtungsrichtung gedrängt worden' und hätten infolgedessen auch einige irrelevante Ähnlichkeiten zur Klassifizierung und Benennung herangezogen.[1]

Ein fundamentaler Entwicklungsschritt wäre nach dieser Auffassung das graduelle 'Sich-Lösen' des Kindes von den in der phänomenalen Wirklichkeit auftretenden Kohärenzerlebnissen. Auf welche Art und Weise könnte sich das Kind nun von den 'anschaulichen' Kohärenzen lösen und zu adäquaten Farbbedeutungen (Farbkategorien) gelangen?

---

[1] Eine vergleichbare Auffassung findet sich bei WYGOTSKI (1934): "Bekanntlich tritt beim Kind in der Wahrnehmung, im Denken und in der Handlung die Tendenz auf, durch einen einzigen Eindruck die verschiedenartigsten und miteinander in keinem inneren Zusammenhang stehenden Elemente zu verbinden und dabei zu einem ungegliederten Bild verschmelzen zu lassen. ... Wesentlich für diese Etappe bleibt, daß sich das Kind nicht durch die von ihm in den Dingen entdeckten objektiven Zusammenhänge leiten läßt, sondern von der subjektiven Optik." (1934/86,120-121)

Im Gegensatz zu BARTLETT (1976) hebt WYGOTSKI (1934/86) jedoch hervor, daß der Synkretismus der kindlichen Wahrnehmung einen wesentlichen Bestandteil der Bedeutungsentwicklung darstellt: "Diese Überproduktion subjektiver Beziehungen ist als Faktor der Weiterentwicklung des kindlichen Denkens von großer Bedeutung, da sie die Grundlage für den weiteren Prozess der Auswahl von Beziehungen ist, die der Wirklichkeit entsprechen und durch die Praxis überprüft sind." (1934/86,120)

Aus gestaltpsychologischer Perspektive müßte eine 'Distanzierung' von farbspezifischen Kohärenzerlebnissen umso besser gelingen, je günstiger die Farbstrukturen sind, die das Kind in den jeweiligen Benennungssituationen (!) wahrnimmt. Daraus ergeben sich folgende Konsequenzen für die Bedeutungsentwicklung von Farbwörtern:

A) Der entscheidende Entwicklungsaspekt ist nicht das 'singuläre' Farberlebnis, sondern das Erlebnis einer aus (mindestens) zwei Phänomenen bestehenden Struktur (vgl: 3.2.). Erst in der Farbstruktur treten zwei Farben in einen Zusammenhang und nur dort können Ähnlichkeiten, Gegensätze oder Beziehungen festgestellt werden. Dabei müssen die 'äußeren' Bedingungen für die Bildung von farbspezifischen Strukturen zunächst ausgesprochen günstig sein. Das Kind kann nur dann eine Differenzierung zweier Farbnuancen vornehmen, wenn diese eine klare Struktur ergeben bzw. sich deutlich voneinander abheben.[2]

B) Nun haben die Vertreter der Prototypentheorie gezeigt, daß die günstigsten Farbstrukturen entstehen können, wenn zwei Nuancen aus den fokalen Zentren des chromatischen Spektrums involviert sind. Diese Nuancen bewirken durch ihre auffällige (prägnante) Erscheinungsweise eine 'eindeutige' Reaktion des perzeptuellen bzw. neurophysiologischen Apparats und lassen interkategoriale Gegensätze (und intrakategoriale Ähnlichkeiten) besonders klar hervortreten (vgl.: 2.1.1.). Sie werden deshalb auch besonders früh als Primärreferenten eines Farbwortes enkodiert. MILLER & JOHNSON-LAIRD (vgl.: 1976,352) sprechen in diesem Zusammenhang von sogenannten "landmark colors", die in Form einer konkreten Repräsentation (d.h. Vorstellung) in das Gedächtnis des Kindes eingehen und als konzeptuelle Bezugspunkte der Klassifizierung und Benennung anderer Farben dienen.

C) MILLER & JOHNSON-LAIRD (vgl: 1976,354) vertreten darüberhinaus die Auffassung, daß die als 'konzeptuelle Orientierungspunkte' fungierenden Instanzen ausschließlich den Primärfarbkategorien Rot, Gelb, Grün, Blau, bzw. Schwarz und Weiß entstammen. Diese These läßt sich jedoch weder vor dem Hintergrund der Daten von ISTOMINA (1963), BARTLETT (1976) oder ANDRICK & TAGER-FLUSBERG (1986), noch vor der gestaltpsychologischen Interpretation der Bedeutungsentwicklung von Farbwörtern aufrechterhalten. Stattdessen impliziert der gestalttheoretische Ansatz, daß generell alle diejenigen Farben als konzeptuelle Bezugspunkte fungieren können, die innerhalb einer Farbstruktur deutlich hervortreten bzw. deutlich zu identifizieren sind. Wenn also Orange und Rot eine klare Struktur bilden, so kann auch die Zwischenfarbe als Bezugspunkt (bzw. Prototyp) auftreten.

---

[2] Diese Annahme deckt sich mit neueren empirischen Erkenntnissen zur Leistungsfähigkeit des kindlichen Farbgedächtnisses (color memory), die eine Minderung der Klassifizierungsleistungen bei sukzessiver (im Gegensatz zu simultaner) Darbietung von Farben belegen (vgl.: OSTERGAARD & DAVIDOFF, 1984,1985).

D) Der gestalttheoretische Erklärungsansatz impliziert zudem, daß die als Prototypen identifizierten Farben des Kindes zu Beginn der Farbbedeutungsentwicklung bzw. Enkodierung nicht immer mit denen des Erwachsenen überstimmen müssen. Zwar setzen sich die prototypischen Fokalinstanzen (aufgrund ihrer 'prägnanten' Erscheinungsweise) allmählich als Primärreferenten der einzelnen Farbwörter durch, jedoch könnten anfangs auch solche Entitäten als Prototypen enkodiert werden, die innerhalb einer konkreten Struktur (irgendwann einmal) deutlich hervorgetreten sind. Als Beispiel könnte man sich die folgende experimentelle Situation vorstellen: Einem etwa zweijährigen Kind werden einige Nuancen der Farbkategorien Grau, Schwarz und Dunkelbraun, sowie einige nicht-fokale Vertreter der Kategorie Blau dargeboten. Das Kind wird nun bei entsprechender Aufgabenstellung diejenigen blauen Nuancen als prototypische Referenten (best examples) des Farbwortes 'blau' identifizieren, die in den Farbstrukturen 'Blau' und 'Schwarz', 'Blau' und 'Grau' bzw. 'Blau' und 'Dunkelbraun' besonders deutlich hervorgetreten sind. Wenn anschließend aber einige Nuancen aus dem fokalen Zentrum der Kategorie Blau dargeboten werden, so treten völlig neue (intrakategoriale) Farbstrukturen auf (i.e. 'fokales Blau' und 'nicht-fokales Blau'). Das Kind wird infolgedessen nur noch solche Nuancen als prototypische Referenten des (Grund-)Farbwortes 'blau' akzeptieren, die eben diesem fokalen Zentrum der Kategorie Blau nahestehen.

E) Aus dem bisher Gesagten geht auch hervor, daß eine vollständig ausgebildete Farbbedeutung nicht nur intrakategoriale, sondern gleichermaßen auch interkategoriale Informationen enthält. Die Bedeutung eines Farbwortes umfaßt also nicht nur Informationen über sämtliche potentiellen Referenten, sondern auch über alle möglichen Nicht-Referenten.[3] Kinder gliedern nun häufig einige potentielle Referenten aus bzw. ordnen einige Nicht-Referenten dem referentiellen Spektrum eines Farbwortes zu (vgl.: 2.). Im Sinne der gestalttheoretischen Konzeption ist dieses Verhalten auf ein 'farbspezifisches Strukturdefizit' zurückzuführen. Ein Farbwort wird aus dieser Perspektive solange überdiskriminiert oder übergeneralisiert werden, bis ein komplexes System (Netz) von Farbstrukturen entstanden ist, in das sich jede Farbnuance bzw. jeder potentielle Referent integrieren läßt. Solange kein vollständiges System von Strukturen vorhanden ist, werden die verschiedenen Nuancen auf der Basis der jeweils prävalierenden (konkreten) Kohärenzerlebisse klassifiziert bzw. benannt.

---

[3] Ein ähnlicher Gedanke wurde schon einmal von PALERMO (1976,53) angedeutet, aber nicht konsequent weitergeführt:
"A prototypic concept is assumed to have meaning only insofar as it is related to other concepts, i.e. concepts related to other objects, events, actions and at least in the developmentally early stages, the self. Thus, there cannot be a single prototypic concept but only a concept in relation to at least one other concept. Simply, the concept of 'tree', for example, necessitates a concept of 'not-tree'."

F) Auch hierzu soll ein entsprechendes Beispiel angeführt werden: Angenommen ein Kind vermag einige prototypische Referenten des Farbwortes 'rot' korrekt zu benennen, ordnet aber gleichzeitig auch einige periphere Vertreter der Kategorien Orange und Rosa diesem Farbwort zu (bzw. schließt einige periphere Nuancen als Referenten des Farbwortes 'rot' aus). Aus gestalttheoretischer Perspektive würde die wesentliche Ursache für dieses Verhalten darin liegen, daß die kindliche Bedeutung des Farbwortes 'rot' nur auf sehr wenigen Farbstrukturen basiert. Solche Strukturen könnten beispielsweise sein: 'Farbe' und 'Nicht-Farbe', 'warm' und 'kalt', 'fokales Orange' und 'fokales Rot', 'fokales Rosa' und 'fokales Rot', etc. Dagegen wären die (weniger deutlichen) Farbstrukturen 'fokales Rot' und 'peripheres Rot', 'peripheres Orange' und 'peripheres Rot', 'peripheres Rot' und 'peripheres Rosa' bzw. 'peripheres Rosa' und 'peripheres Orange', 'fokales Rosa' und 'peripheres Rosa', 'fokales Orange' und 'peripheres Orange', etc. noch nicht existent. Das Kind würde aufgrund des Fehlens dieser Farbstrukturen nach den im Wahrnehmungsmaterial vorgegebenen Kohärenzen klassifizieren und (infolgedessen) das Farbwort 'rot' in den referentiellen Grenzbereichen überdehnen und/oder überdiskriminieren.

G) Unter dem Einfluß farbspezifischer Kohärenzen können unzählige Erweiterungen oder Verengungen der Referenzbereiche auftreten: Wenn sich dem Kind zum Beispiel anstelle der intrakategorialen Farbstruktur 'fokales Rot' und 'peripheres Rot' die (konkrete) Sättigungskohärenz einzelner Orange- und Rotnuancen aufdrängt, so wird es (wahrscheinlich) auch Blutorange oder Rotorange mit dem Farbwort 'rot' benennen. Gleichzeitig kann sich aber statt der Farbstruktur 'peripheres Orange' und 'peripheres Rot' auch eine Farbtonkohärenz zwischen einigen anderen Nuancen ergeben, sodaß zum Beispiel Korallenrot aus dem referentiellen Spektrum des Farbwortes 'rot' ausgegrenzt wird. Das Farbwort 'rot' wird folglich in Bezug auf den Aspekt 'Sättigung' übergeneralisiert und in Bezug auf den Aspekt 'Farbton' überdiskriminiert. Wenn man berücksichtigt, daß sich derartige Kohärenzerlebnisse auch aus der Helligkeit verschiedener Farben ergeben können und bei allen benachbarten chromatischen Kategorien auftreten (Rot und Orange, Rot und Rosa, Rot und Violett, Rot und Lila, etc.), so wird deutlich, warum die Ausdifferenzierung der referentiellen Spektren der Farbwörter einen langwierigen Entwicklungsprozess erfordert.[4]

---

[4] Hier ist außerdem zu berücksichtigen, daß die oben angeführten Farbstrukturen in der Realität in vielfältige Einzelstrukturen zerfallen. So besteht die Struktur 'peripheres Rot' und 'peripheres Orange' bei vier Farben (z.B.: Korallenrot, Tomatenrot, Blutorange, Rotorange) bereits aus den Einzelstrukturen:

1) 'Blutorange' und 'Tomatenrot'
2) 'Blutorange' und 'Korallenrot'
3) 'Rotorange' und 'Korallenrot'
4) 'Rotorange' und 'Tomatenrot'

H) An dieser Stelle muß jedoch darauf hingewiesen werden, daß die Phänomene der Übergeneralisierung und Überdiskrimination nicht auf eine eingeschränkte perzeptuelle Differenzierungsfähigkeit des Kindes zurückzuführen sind. Die Verengung oder Erweiterung der Referenzbereiche ist vielmehr auf das Fehlen fundamentaler Bedeutungsinformationen zurückzuführen. So ist es zum Beispiel möglich, daß ein Kind die Farben Korallenrot und Blutorange im Rahmen einer Farbwahrnehmungsuntersuchung deutlich voneinander trennt, bei einem Benennungstest jedoch mit dem Farbwort 'rot' bezeichnet. Die wesentliche Ursache für dieses Verhalten liegt darin, daß zwei vollkommen verschiedene Aufgaben zu bewältigen sind. Bei der Wahrnehmungsuntersuchung werden die zwei Nuancen nebeneinander gehalten und genau verglichen. Folglich entsteht eine 'phänomenale' Verschiedenheitsstruktur. Bei der Benennung müssen die beiden Nuancen jedoch aus dem anschaulichen Verband gelöst und als Vertreter einer Farbkategorie (bzw. Referenten) aufgefaßt werden. Hier macht sich bemerkbar, daß die Kategorie nur auf den Farbstrukturen 'Rot' und 'Nicht-Rot' bzw. 'fokales Rot' und 'fokales Orange' basiert. Innerhalb dieser Strukturen sind Korallenrot und Blutorange als periphere Vertreter zweier verschiedener chromatischer Kategorien nicht zu differenzieren und werden daher mit dem gemeinsamen Farbwort 'rot' benannt.

I) Der Terminus 'Farbstruktur' hat somit eine doppelte Bedeutung: Im wahrnehmungspsychologischen Sinne bezieht er sich allgemein auf die von KOFFKA (1925/66) angeführten Strukturphänomene und besagt, daß perzeptuelle Ordnungs- und Entwicklungsprozesse zu einem Großteil ganzbestimmt sind. Die ersten Farbphänomene des Kindes sind keine atomaren Empfindungen, die in Verbindung mit anderen Empfindungen zu einem Wahrnehmungsbild zusammengesetzt werden, sondern einfache strukturelle Beziehungen, die erkannt und immer weiter ausdifferenziert werden. Nicht die 'absolute' Qualität einer einzelnen erlebten Farbe ist also entscheidend, sondern die Struktur, die durch das 'Zueinander zweier Farben' entsteht (vgl.: KOFFKA, 1925/66,96-108; ARNHEIM, 1969/80,179). Im kognitionspsychologischen (bzw. psycholinguistischen) Sinne bezieht sich der Terminus 'Farbstruktur' dagegen auf abstrakte konzeptuelle Informationen, die aus den Strukturphänomenen der Wahrnehmung hervorgehen und in Verbindung mit einem bestimmten Farbwort das jeweilige referentielle Spektrum festlegen. Dabei handelt es sich zu Beginn der Farbbedeutungsentwicklung zuerst um prototypische Informationen. Diese treten in den kindlichen Strukturphänomenen besonders deutlich hervor und gewährleisten eine erste Koordinierung von Farbkontinuum und Farblexikon. In späteren Phasen der Farbbedeutungsentwicklung werden dann auch Informationen aus weniger klaren Strukturen gewonnen. Hier ist entscheidend, daß diese Strukturen in der Wahrnehmung des Kindes schon (großenteils) ausgebildet sind, aber erst allmählich zur Enkodierung der Farben herangezogen werden. (Entscheidend ist also das 'Zusammentreffen' von Wort und Farbstruktur. Erst dabei werden wesentliche Informationen entdeckt und in die bestehende Farbbedeutung (Farbkategorie) integriert).

Die strukturelle Organisation einer Farbbedeutung (Farbkategorie) könnte vor dem Hintergrund dieser Konzeption mit der Organisation einer Gestalt verglichen werden. Wie eine Gestalt setzt sich auch eine Farbbedeutung (Farbkategorie) nicht aus der bloßen Und-Summe einzelner Elemente (i.e. farbspezifische Bedeutungsinformationen) zusammen, sondern stellt ein komplexes System dar, in welchem die einzelnen Teile in wechselseitigen Beziehungen zueinander stehen. Jede Farbinformation erhält also erst dadurch eine Bedeutung, daß sie zum festen Bestandteil dieses Systems wird. Tomatenrot erhält in diesem Sinne in Beziehung zu Himbeerrot, Feuerrot in Beziehung zu Karminrot, Schwarzrot in Beziehung zu Braunrot, Korallenrot in Beziehung zu Lachsrot, etc. eine feste (systematische) Bedeutung. Man könnte eine Farbbedeutung (Farbkategorie) daher auch als eine 'kognitive Gestalt' bezeichnen. Dabei ist unter einer 'kognitiven Gestalt' eine konzeptuelle Einheit (Gesamtheit) zu verstehen, die sich nicht aus der Summation von atomaren Bedeutungsinformationen ergibt, sondern von ganzheitlichen Zusammenhängen bestimmt wird.

Wenn nun eine Beziehung zwischen zwei Farbbedeutungen hergestellt wird, so treten zwei 'kognitive Gestalten' in einen Zusammenhang: Es entsteht ein aus zwei Unterganzen bestehendes Gesamtsystem, in dem völlig neue (interkategoriale) Strukturen auftreten. Feuerrot könnte beispielsweise in Beziehung zu Pastellorange, Rotorange in Beziehung zu Korallenrot bzw. Braunrot in Beziehung zu Reinorange treten. Auf diese Weise erhält jede Farbinformation auch in Bezug zu allen anderen außerkategorialen Informationen eine festgelegte Bedeutung.

4. Eine experimentelle Untersuchung zur Bedeutungsentwicklung von Farbwörtern bei Kindern im Alter von vier bis sechs Jahren:

Die nun folgende empirische Studie ist auf dem Hintergrund der im letzten Kapitel dargestellten gestaltpsychologischen Überlegungen zur kindlichen Farbbedeutungsentwicklung zu betrachten. Eventuell weiterführende theoretische Ausführungen bzw. Vorwegannahmen sind nicht notwendig, sodaß die anschließenden Hypothesen hinsichtlich der zu erwartenden Ergebnisse formuliert werden können.

4.1. Hypothesen:

In Bezug auf die schwierige Ausdifferenzierung der referentiellen Grenzbereiche bei den elf von BERLIN & KAY (1969) identifizierten Grundfarbwörtern, sowie die frühe Enkodierung der fokalen Zentren des chromatischen Spektrums sind folgende Ergebnisse zu erwarten:

A) Die Stabilität der referentiellen (kategorialen) Grenzbereiche wird bei der Mehrzahl der Kinder weitaus geringer sein als bei den Erwachsenen (vgl.: 1.3.2.). Die Kinder werden im Vergleich zu den Erwachsenen eine größere Unsicherheit bei der Benennung von 'peripheren' Farbnuancen erkennen lassen bzw. häufiger die referentiellen Randzonen der Farbwörter übergeneralisieren und überdiskriminieren.

B) Die Stabilität der referentiellen (kategorialen) Grenzbereiche wird mit zunehmendem Alter ansteigen (vgl: 2.2.). Im Vergleich der einzelnen Altersgruppen untereinander ist eine allmähliche Stabilisierung der Peripherien zu erwarten (im Sinne einer Angleichung an das Erwachsenensystem).

C) Bei der Benennung von 'peripheren' Farbnuancen treten konkrete Kohärenzerlebnisse auf, die zu einer Überdehnung bzw. Überdiskrimination des betreffenden Grundfarbwortes führen. Dies gilt in besonderem Maße für die jüngsten Probanden (i.e. die Gruppe der vierjährigen Kinder).

D) Die prototypischen Zentren des chromatischen Kontinuums werden eine höhere Benennungskonsistenz aufweisen als die Peripherien und niemals übergeneralisiert und überdiskriminiert werden. In allen Altersgruppen werden äußerst 'stabile' Prototypenurteile erwartet (vgl.: 1.3.1.).

E) Die als 'prototypisch' beurteilten Entitäten der jüngsten Probanden werden vermutlich nicht mit denen der älteren Probanden übereinstimmen. Insbesondere bei den vierjährigen Kindern wird hier eine Abweichung erwartet (vgl.: 3.3.).

4.2. Durchführung:

Die oben genannten Hypothesen wurden in zwei aufeinanderfolgenden Experimenten überprüft. Experiment I befaßte sich mit dem Problem der Ausdifferenzierung der referentiellen Peripherien bei den elf von BERLIN & KAY (1969) beschriebenen Grundfarbwörtern und diente (speziell) der Untersuchung der Hypothesen A bis C. Experiment II befaßte sich dagegen mit dem Problem der frühzeitigen Enkodierung von prototypischen Fokalinstanzen und sollte (ausschließlich) die Adäquatheit der Hypothesen D und E überprüfen. Da die Experimente mit exakt dem gleichen Material durchgeführt wurden und dieselben Versuchspersonen teilnahmen, gelten die nun folgenden Erklärungen (Probanden und Stimulusmaterial) für beide Untersuchungen.

4.2.1. Versuchspersonen:

Insgesamt nahmen 64 Kinder und 18 Erwachsene an den betreffenden Untersuchungen teil. Sämtliche Versuchspersonen gaben Deutsch als Muttersprache an und waren mit ähnlichen Experimenten (bis dahin) noch nicht konfrontiert worden. Die Gruppe der Kinder bestand aus 20 vierjährigen (8 w - 12 m), 21 fünfjährigen (13 w - 8 m), sowie 23 sechsjährigen (12 w - 11 m). Dabei schwankte das Alter bei den vierjährigen Probanden zwischen 4.0 und 4.11 Jahren (Mw 4.6), bei den fünfjährigen zwischen 5.1 und 5.9 Jahren (Mw 5.4) und bei den sechsjährigen Probanden zwischen 6.2 - 6.10 Jahren (Mw 6.6). Alle Kinder besuchten zum Zeitpunkt der Datenerhebung (Juni/Juli 1987) evangelische Kindergärten in Dortmund, deren Einzugsbereiche nach den Kriterien RÖTHIGs (vgl.: 1977,258) der sozialen Mittelschicht zuzuordnen sind. Die Gruppe der Erwachsenen bestand aus insgesamt neun weiblichen und neun männlichen Teilnehmern im Alter von 23.5 bis 52.7 Jahren (Mw 29.8). Davon waren jeweils sechs Personen als Lehramtsstudenten an der Universität Dortmund, Erzieher(innen) in kirchlichen Kindergärten und als 'Bedienstete' der Stadt Dortmund tätig. Sämtliche der 64 Kinder und 18 Erwachsenen wurden nach dem Lotterieprinzip ausgewählt (die Namen der Versuchspersonen wurden aus einem verschlossenen Karton gezogen), wobei lediglich bei den jüngsten Probanden eine Einschränkung der Zufallsauswahl aufgrund der äußerst schwankenden Motivation hingenommen werden mußte. Die Teilnahme an den beiden Experimenten war freiwillig und nicht mit einer finanziellen Vergütung verbunden. Alle Probanden wurden mit den 'Tafeln zur Prüfung des Farbensinnes' (VELHAGEN & BROSCHMANN, 1985) im Hinblick auf ihre Farbtüchtigkeit untersucht.

4.2.2. Stimulusmaterial:

Das Stimulusmaterial bestand aus einer zufälligen Auswahl von 114 verschiedenen Farbkärtchen (2.5 x 6 cm), die dem standardisierten CIELAB-System nach DIN 6174 entsprachen und in der mathematischen Notation des Eurocolor-Farbatlas dargestellt waren (Fa. Schwaben-muster/Eurocolorcard, 7160 Gaildorf). Die Farbkärtchen wurden auf einem neutralen Untergrund (mattgraue Spanplatte 100 x 100 cm) in einer ständig wechselnden bzw. zufälligen Konfiguration dargeboten und von links und rechts (gleichmäßig) beleuchtet. Dabei erfolgte die Beleuchtung über zwei verstellbare Arbeitslampen, die jeweils mit einer OSRAM DULUX EL 24 Glühbirne bestückt waren. Der Abstand zwischen den vorgelegten Farbkärtchen und den beiden Lichtquellen betrug generell nicht mehr als 60 cm, sodaß bei allen Durchgängen eine konstante Ausleuchtung gewährleistet war. Der restliche Raum wurde (so weit wie möglich) abgedunkelt.[1]

---

[1] Zum besseren Verständnis der farbmetrischen und mathematischen Systematik des verwendeten Materials sind folgende Erklärungen angebracht: Im Eurocolor-Farbsystem erfolgt die Einteilung und Anordnung der Farben nach den drei empfindungsgemäßen Aspekten Farbton, Helligkeit und Sättigung. Jede Farbe wird nach diesen Aspekten (gemäß der normierten CIELAB-Formel für die Bewertung und Berechnung von Farbabständen und Toleranzen) mit einer aus drei Ziffergruppen bestehenden, siebenstelligen Zahl versehen (etwa: 144.55.86 Reinorange). Die erste Ziffergruppe legt den genauen Farbton fest und kann (insgesamt) zwischen 000 und 999 variieren. Dabei ist (wie in einem Farbtonkreis): 000 Rot, 250 Gelb, 500 Grün, 750 Blau, etc. Die zweite Ziffergruppe stellt den Helligkeitsgrad einer Farbe heraus. Hier sind Schwankungen zwischen 00 (extrem dunkel) und 99 (extrem hell) möglich. Die dritte Ziffergruppe legt schließlich den Sättigungsgrad einer Farbe fest. Hierbei sind Variationen zwischen 00 (ungesättigt) und 99 (stark gesättigt) möglich. Die Zahl 144.55.86 definiert demzufolge eine Farbe aus dem Orangebereich, die eine mittlere Helligkeit aufweist und mit der Sättigung 86 sehr bunt wirkt.

Auf der Grundlage dieser Systematik und Notation läßt sich ein Farbenatlas herstellen, der jede theoretisch mögliche Farbe in einen dreidimensionalen chromatischen Raum einordnet. Im Falle des zugrunde gelegten Eurocolor-Atlas werden auf den einzelnen Farbtonseiten jeweils solche Farben dargestellt, die exakt die gleiche Farbtonkennzeichnung tragen (z.B: 250, 500, etc.). Auf jeder Seite werden die einzelnen Farbtöne zudem von unten nach oben zeilenweise nach steigender Helligkeit und von links nach rechts spaltenweise nach steigender Sättigung angeordnet. Damit ergibt sich folgende anschauliche Konzeption:

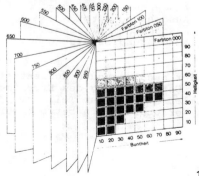

Organisation des
Eurocolor-Farbenatlas (Abb. 16)
(entnommen aus: GALL, 1984,6-7)

4.3. Experiment I (Methode):

Die Probanden wurden nacheinander in den Testraum gebeten und mit der Aufgabe vertraut gemacht, zu jedem einzelnen der anschließend folgenden elf Grundfarbwörter (vgl.: 2.1.) sämtliche potentiellen Referenten (alle mit diesem Farbwort zu benennenden Farbkärtchen) aus der vor ihnen befindlichen Konfiguration herauszusuchen. Dann erhielten die erwachsenen Versuchspersonen bei jedem Farbwort die Instruktion: "Suchen Sie bitte sämtliche Farbkärtchen heraus, die mit dem Farbwort ..... bezeichnet werden können!" Bei den Kindern wurde die Instruktion dem jeweiligen Alter bzw. Entwicklungsstand entsprechend modifiziert: "Suche bitte 'mal alle (gelben, grünen, roten, etc.) Farbkärtchen heraus!" und "Kannst Du vielleicht alle Farbkärtchen heraussuchen, die (Rosa, Weiß, Schwarz, etc.) sind?" Nachdem die Probanden ihre Auswahl zu einem vorgegebenen Farbwort getroffen hatten, hielt der jeweilige Versuchsleiter zunächst die rückseitig aufgeführten Kennziffern der betreffenden Farbkärtchen fest, mischte dann alle 114 Farben (mehrmals) gründlich durch und gab anschließend das nächste Farbwort bekannt. Die elf Farbwörter wurden dabei in einer von Proband zu Proband ständig wechselnden Reihenfolge präsentiert. Für die einzelnen Zuordnungsaufgaben war keine zeitliche Begrenzung vorgesehen.[1] Die Probanden wurden auch auf die Möglichkeit hingewiesen, ein 'zweifelhaftes' Farbkärtchen zwei verschiedenen Grundfarbwörtern zuordnen zu können bzw. dieses Farbkärtchen überhaupt nicht zu benennen. (Grundsätzlich war aber jedes Farbkärtchen mit einem der elf Farbwörter zu benennen!)

4.3.1. Experiment I (Ergebnisse):

Um die Stabilität der referentiellen Peripherien in den einzelnen Altersgruppen (4,5,6,E) bestimmen bzw. miteinander vergleichen zu können, wurde bei jeder Versuchsperson erstens die Anzahl der pro Grundfarbwort ausgewählten Farbkärtchen und zweitens die maximale Ausdehnung der referentiellen Spektren (bezüglich der Dimensionen Farbton, Helligkeit und Sättigung bzw. Buntheit) festgestellt. Es ergaben sich daraus folgende statistisch auszuwertende Variablen:

ANZAHL	: Anzahl der ausgewählten Farbkärtchen	
OKATF	: Maximale obere	Ausdehnung Farbton
OKATH	: Maximale obere	Ausdehnung Helligkeit
OKATS	: Maximale obere	Ausdehnung Sättigung
UKATF	: Maximale untere	Ausdehnung Farbton
UKATH	: Maximale untere	Ausdehnung Helligkeit
UKATS	: Maximale untere	Ausdehnung Sättigung

---

[1] Einigen Kindern mußte aufgrund der nachlassenden Konzentration die Möglichkeit einer eintägigen Unterbrechung des Experiments eingeräumt werden. In diesen Fällen kam es (zum Teil) vor, daß ein Kind von zwei verschiedenen Versuchsleitern betreut wurde.

Wenn ein Proband also zu dem Grundfarbwort 'rot' die Farbkärtchen
072.48.49 Erdbeerrot, 059.38.58 Himbeerrot, 107.40.53 Korallenrot
und 074.23.42 Purpurrot ausgewählt hatte, so wurden die folgenden
Werte in die statistische Analyse einbezogen:

ANZAHL:	OKATF:	OKATH:	OKATS:	UKATF:	UKATH:	UKATS:
4	107	48	58	059	23	42

Hinsichtlich der oben aufgeführten Variablen erfolgte die Prüfung
auf signifikante Differenzen zwischen den einzelnen Altersgruppen
zunächst durch eine einfache non-parametrische Rangvarianzanalyse
von KRUSKAL & WALLIS (H-Test)(vgl.: CLAUß & EBNER, 1985,346). Auf
diese Weise sollte festgestellt werden, ob die (vier) Stichproben
bezüglich ihrer zentralen Tendenz als aus der gleichen Population
stammend betrachtet werden konnten. Wenn sich dabei überzufällige
Unterschiede ergaben, wurde jede der drei Kindergruppen (in einer
getrennten Auswertung) mit der Gruppe der Erwachsenen verglichen.
Hier erfolgte die Prüfung mit dem KOLMOGOROV-SMIRNOV-TEST (1948)
für zwei unabhängige Stichproben, der neben der zentralen Tendenz
auch andere Verteilungsparameter berücksichtigt und damit weitaus
empfindlicher für (eventuelle) Verteilungsunterschiede ist (vgl.:
CLAUß & EBNER, 1985,236-240). Darüberhinaus wurde KENDALLs *tau C*
(1955) herangezogen, um Zusammenhänge zwischen dem Alter der Probanden und der Stabilität der Referenzbereiche zu überprüfen.

4.3.1.1. Das Farbwort 'schwarz':

Nach der deskriptiv-statistischen Auswertung der 'Anzahl' der von
den verschiedenen Probanden gewählten Referenten ergab sich (nach
Altersgruppen geordnet) die in Abb. 17 dargestellte Verteilung:

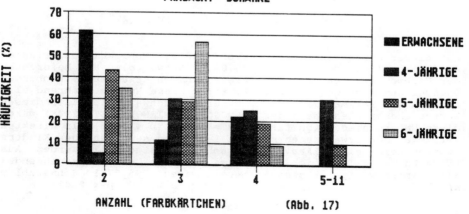

(Abb. 17)

113

Die anschließende Überprüfung mit dem H-Test von KRUSKAL & WALLIS (1952) zeigte, daß (bezüglich der zentralen Tendenz) zwischen den verschiedenen Altersgruppen ein signifikanter Unterschied bestand (x^2 = 9.134, p < 0.05). Im Einzelvergleich der drei Kindergruppen mit der Erwachsenengruppe wies der KOLMOGOROV-SMIRNOV-TEST (1948) jedoch ausschließlich zwischen den 4-jährigen und den Erwachsenen einen signifikanten Unterschied aus (z = 1.49, p < 0.05). Demnach wurde das Farbwort 'schwarz' in erster Linie von den vierjährigen Kindern übergeneralisiert. Insgesamt ließ sich aber eine schwache Tendenz erkennen, mit zunehmendem Alter immer weniger Farbnuancen als potentielle Referenten dieses Wortes zu akzeptieren (KENDALLs *tau C* = -0.25778, p < 0.01). Damit ergab sich die weiterführende Frage, in welchen Zonen des referentiellen Spektrums das Farbwort 'schwarz' übergeneralisiert worden war. Im folgenden wurden daher die Variablen OKATF, UKATF, OKATH, UKATH, OKATS bzw. UKATS in die statistische Analyse einbezogen. Abb. 18 zeigt die Verteilung der Variable OKATF in den einzelnen Stichproben. (Dabei ist 722.02.00 Tiefschwarz, 730.10.01 Graphitschwarz und 795.07.10 Schwarzblau):

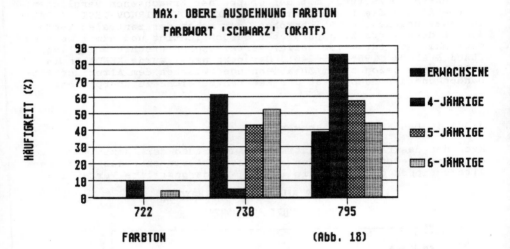

MAX. OBERE AUSDEHNUNG FARBTON
FARBWORT 'SCHWARZ' (OKATF)

(Abb. 18)

Aus dieser Darstellung geht hervor, daß die Mehrzahl der erfaßten 4-jährigen (85%) bereit war, 795.07.10 Schwarzblau als Referenten des Farbwortes 'schwarz' zu wählen. Von den erwachsenen Probanden entschieden sich dagegen nur 38.9% für diese Nuance, während alle anderen (61.1%) maximal 730.10.01 Graphitschwarz als OKATF dieses Wortes anerkannten. Nach dem KOLMOGOROV-SMIRNOV-TEST (1948) waren diese Unterschiede signifikant (z = 1.419, p < 0.05). Im direkten Vergleich der Erwachsenen mit den fünf- und sechsjährigen Kindern konnten keine signifikanten Unterschiede festgestellt werden. Aus KENDALLs *tau C* läßt sich allerdings erkennen, daß mit zunehmendem Alter immer weniger Probanden bereit waren, 795.07.10 Schwarzblau als Referenten zu akzeptieren (*tau C* = -0.25119, p < 0.01).

Bezüglich der Variablen UKATF, OKATH, UKATH und UKATS ließen sich keine signifikanten Differenzen zwischen den (vier) Altersgruppen nachweisen. Die maximale untere Ausdehnung des Farbtons variierte von 722.02.00 Tiefschwarz und 696.18.03 Schwarzgrau bis 280.18.10 Braungrün. Die maximale obere Ausdehnung der Helligkeit schwankte zwischen 730.10.01 Graphitschwarz und 686.18.03 Schwarzgrau. Eine Übereinstimmung von 100% konnte bei den Variablen UKATH und UKATS festgestellt werden. Sämtliche Versuchspersonen wählten 722.02.00 als maximale untere Ausdehnung der Helligkeit und Sättigung. Auch die jüngsten Probanden hatten somit die wichtigsten Informationen der Farbkategorie 'schwarz' (sehr dunkel und ungesättigt) mit dem entsprechenden Farbwort verbunden. Bei der Variable OKATS traten allerdings wieder signifikante Unterschiede zwischen vierjährigen Kindern und Erwachsenen auf (z = 1.419, p < 0.05)(vgl.: Abb. 19). (In Abb. 19 ist: 730.10.01 Graphitschwarz, 686.18.03 Schwarzgrau, 795.07.10 Schwarzblau und 280.18.10 Braungrün):

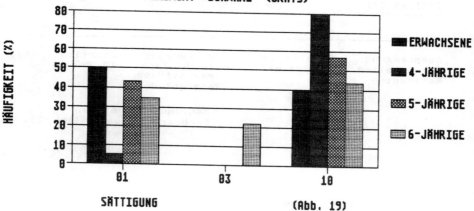

MAX. OBERE AUSDEHNUNG SÄTTIGUNG
FARBWORT 'SCHWARZ' (OKATS)

(Abb. 19)

Insgesamt läßt sich das Verhalten der Probanden bei der Benennung des Grundfarbwortes 'schwarz' folgendermaßen darstellen: Bei zwei benannten Farbkärtchen wurden grundsätzlich 722.02.00 Tiefschwarz und 730.10.01 Graphitschwarz gewählt. Dies waren gleichzeitig die dunkelsten und am schwächsten gesättigten 'Farbtöne' der gesamten Stimuluskonfiguration. Bei drei benannten Farbkärtchen wurden von den vier- und fünfjährigen Probanden (hauptsächlich) Tiefschwarz, Graphitschwarz und 795.07.10 Schwarzblau gewählt, während bei den sechsjährigen und den erwachsenen Versuchspersonen auch 686.10.03 Schwarzgrau Berücksichtigung fand. Bei vier benannten Farbnuancen wählten die Teilnehmer grundsätzlich Tiefschwarz, Graphitschwarz, Schwarzblau und Schwarzgrau. Bei fünf und mehr Farbkärtchen (fast nur bei 4-jährigen) traten schließlich 280.18.20 Braungrün, sowie eine Anzahl von dunklen und schwach gesättigten Farben hinzu. Die einzelnen Ergebnisse sind in Abb. 20 zusammengefaßt:

ANZAHL DER REFERENTEN FARBWORT 'SCHWARZ'			
> 4	**4**	**3**	**2**
Tiefschwarz (722.02.00)	Tiefschwarz (722.02.00)	Tiefschwarz (722.02.00)	Tiefschwarz (722.02.00)
Graphitschwarz (730.10.01)	Graphitschwarz (730.10.01)	Graphitschwarz (730.10.01)	Graphitschwarz (730.10.01)
Schwarzblau (795.07.10)	Schwarzblau (795.07.10)	--------------	
Schwarzgrau (686.18.03)	Schwarzgrau (686.18.03)	Schwarzblau (795.07.10)	
--------------		bzw.	
Braungruen (280.18.10)		Schwarzgrau (686.18.03)	
Schwarzgruen (507.21.08)			
Graphitgrau (721.29.04)			

Ausgrenzung der zu hellen Referenten | Stabilisierung (1. Phase) | Ausgrenzung der zu stark gesaettigten Referenten | Stabilisierung (2. Phase)

Benennungsverhalten
Farbwort 'schwarz' (Abb. 20)

4.3.1.2. Das Farbwort 'weiß':

Bei dem Farbwort 'weiß' waren im Vergleich der vier Altersgruppen nahezu vollständige Übereinstimmungen festzustellen. Signifikante Differenzen ergaben sich ausschließlich im Bezug auf die Variable UKATH. Hier belegte die Prüfung mit dem H-Test, daß sich die vier Altersgruppen hinsichtlich ihrer zentralen bzw. mittleren Tendenz (überzufällig) unterscheiden (x^2 = 8.003, p < 0.05). Der folgende 'Direktvergleich' der Stichproben mit dem KOLMOGOROV-SMIRNOV-TEST ließ jedoch keine signifikanten Verteilungsunterschiede erkennen. Auch die Berechnung von KENDALLs *tau C* konnte keinen eindeutigen Hinweis darauf geben, daß jüngere Kinder einige dunklere Farbtöne als Referenten des Farbwortes 'weiß' akzeptieren (*tau C* = 0.13325 p = 0.0580; tendenziell signifikant). Dennoch ist in Abb. 21 der Versuch unternommen worden, auf der Basis von Einzelbeobachtungen die Bedeutungsentwicklung des Farbwortes 'weiß' zu rekonstruieren (bzw. das Benennungsverhalten der Probanden auf den verschiedenen Stufen der Farbbedeutungsentwicklung zusammenzufassen):

ANZAHL DER REFERENTEN FARBWORT 'WEISS'			
> 5	**5**	**4**	**3**
Reinweiss (286.92.05)	Reinweiss (286.92.05)	Reinweiss (286.92.05)	Reinweiss (286.92.05)
Cremeweiss (236.89.08)	Cremeweiss (236.89.08)	Cremeweiss (236.89.08)	Cremeweiss (236.89.08)
Grauweiss (279.85.04)	Grauweiss (279.85.04)	Grauweiss (279.85.04)	Grauweiss (279.85.04)
Papyrusweiss (394.82.04)	Papyrusweiss (394.82.04)	--------------	
Lichtgrau (411.79.02)	Lichtgrau (411.79.02)	Papyrusweiss (394.82.04) bzw. Lichtgrau (411.79.02)	

Kieselgrau (271.72.09)			
Weissgruen (384.79.19)			

Ausgrenzung der zu stark gesaettigten Referenten   Stabilisierung (1. Phase)   Ausgrenzung der zu dunklen Referenten   Stabilisierung (2. Phase)

Benennungsverhalten Farbwort 'weiss' (Abb. 21)

4.3.1.3. Das Farbwort 'grau':

Nach der deskriptiv-statistischen Auswertung der 'Anzahl' der von den verschiedenen Probanden gewählten Referenten ergab sich (nach Altersgruppen geordnet) die in Abb. 22 dargestellte Verteilung:

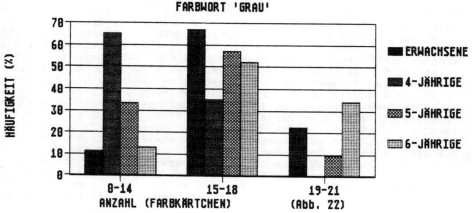

ANZAHL DER GEWÄHLTEN FARBKÄRTCHEN

FARBWORT 'GRAU'

(Abb. 22)

117

Die Überprüfung mit dem H-Test zeigte, daß zwischen den einzelnen Altersgruppen (bezüglich der zentralen Tendenz) ein signifikanter Unterschied bestand (x^2 = 21.092, p < 0.001). Im Einzelvergleich der drei Kindergruppen mit der Gruppe der Erwachsenen konnten mit dem KOLMOGOROV-SMIRNOV-TEST jedoch nur bei den 4-jährigen Kindern Signifikanzunterschiede festgestellt werden (z = 1.778, p < 0.01) Insgesamt ließ sich aber eine deutliche Tendenz erkennen, mit zunehmendem Alter mehr Farbnuancen als Referenten des Wortes 'grau' auszuwählen (*tau C* = 0.41761, p < 0.001). Aus diesem Grund wurde die Verteilung der (für die Bedeutung dieses Farbwortes besonders wichtigen) Variablen OKATH, UKATH, OKATS und UKATS analysiert. In Abb. 23 wird die altersspezifische Verteilung der Variable OKATH dargestellt. (Dabei ist 271.<u>72</u>.09 Kieselgrau, 411.<u>79</u>.02 Lichtgrau und 394.<u>82</u>.04 Papyrusweis).

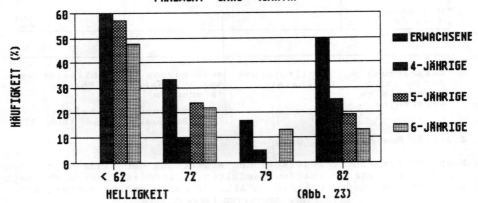

MAX. OBERE AUSDEHNUNG HELLIGKEIT
FARBWORT 'GRAU' (OKATH)

(Abb. 23)

Diese Darstellung läßt erkennen, warum mit zunehmendem Alter mehr Farben als Referenten des Farbwortes 'grau' ausgewählt wurden: Im Gegensatz zu den Erwachsenen war die Mehrzahl der Kinder (70% der 4-jährigen, 80.9% der 5-jährigen bzw. 69.5% der 6-jährigen) nicht bereit, eine 'höhere' Helligkeit als 271.<u>72</u>.09 Kieselgrau mit dem Wort zu verbinden. Bei der Überprüfung (von OKATH) mit dem H-Test zeigte sich, daß zwischen mindestens zwei Altersgruppen bezüglich der zentralen Tendenz ein signifikanter Unterschied bestand (x^2 = 16.462, p = 0.001). Nach dem KOLMOGOROV-SMIRNOV-TEST (1948) waren die Differenzen jedoch bei allen durchgeführten Direktvergleichen signifikant (4-E: z = 1.847, p < 0.01) (5-E: z = 1.539, p < 0.01) (6-E: z = 1.658, p < 0.01). Das Farbwort 'grau' wurde demnach von einem Großteil der getesteten Kinder im oberen Helligkeitsbereich überdiskriminiert. Unter Berücksichtigung von KENDALLs *tau C* läßt sich dieser Befund sogar noch weiter präzisieren (*tau C* = 0.34067 p < 0.001). Da mit zunehmendem Alter immer hellere Graunuancen in das referentielle Spektrum übernommen wurden, kann man davon ausgehen, daß insbesondere die 4-jährigen Kinder das Farbwort 'grau' überdiskriminierten.

Bezüglich der Variablen OKATF, UKATF, UKATH, OKATS, UKATS konnten keine signifikanten Differenzen zwischen den (vier) Altersgruppen festgestellt werden. Die maximale untere Ausdehnung der Sättigung und des Farbtons war (zumeist) 105.60.01 Platingrau. Die maximale untere Ausdehnung der Helligkeit verteilte sich (gleichmäßig) auf die drei Referenten 686.18.03 Schwarzgrau, 697.24.03 Graublau und 591.26.06 Granitgrau. Der untere Helligkeitsbereich wurde also im Gegensatz zum oberen Helligkeitsbereich nicht (signifikant) über-diskriminiert. Die maximale obere Ausdehnung des Farbtons war bei fast allen Probanden 746.33.04 Schiefergrau, während die maximale obere Ausdehnung der Sättigung bis 697.24.09 Graublau reichte.

4.3.1.4. Das Farbwort 'blau':

Nach der deskriptiv-statistischen Auswertung der 'Anzahl' der von den verschiedenen Probanden gewählten Referenten ergab sich (nach Altergruppen geordnet) die in Abb. 24 dargestellte Verteilung:

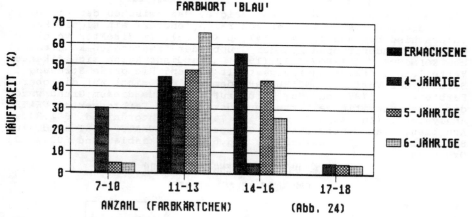

Im direkten Vergleich der Kindergruppen mit der Erwachsenengruppe ließen sich (mit den hier anwendeten prüfstatistischen Verfahren) keine signifikanten Unterschiede nachweisen. Auch KENDALLs *tau C* läßt nur eine geringe Tendenz erkennen, daß mit zunehmendem Alter mehr Farbkärtchen als Referenten des Farbwortes 'blau' ausgewählt wurden (*tau C* = 0.16657, p < 0.05). Allgemein war (unabhängig vom Alter der Probanden) eine erhebliche Streuung bei der Auswahl von Farbnuancen zu diesem Farbwort festzustellen. So variierte selbst innerhalb der Erwachsenengruppe die Anzahl der gewählten Blautöne zwischen 11 und 16. Offenbar konnten demnach einzelne (periphere) Farbnuancen nicht eindeutig klassifiziert bzw. benannt werden. Im folgenden wurden daher die peripheren Randzonen dieses Farbwortes näher untersucht. Abb. 25 zeigt die Verteilung der Variable OKATF in den vier Altersgruppen. Dabei ist 787.24.41 Ultramarinblau und 795.07.10 Schwarzblau.

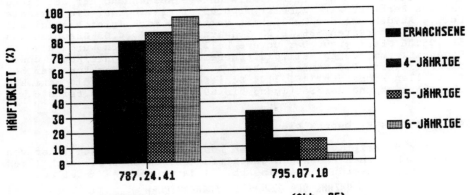

MAX. OBERE AUSDEHNUNG FARBTON

FARBWORT 'BLAU' (OKATF)

(Abb. 25)

Die Überprüfung mit dem H-Test zeigte, daß zwischen den einzelnen Altersgruppen (bezüglich der zentralen Tendenz) ein signifikanter Unterschied bestand (x^2 = 8.141, p < 0.05). Im direkten Vergleich der drei Kindergruppen mit der Gruppe der Erwachsenen konnten mit dem KOLMOGOROV-SMIRNOV-TEST (1948) allerdings keine signifikanten Verteilungsdifferenzen festgestellt werden. Die große Streuung im Bereich der Variable ANZAHL war (demzufolge) nicht auf die oberen Farbtonwerte (787 und 795) zurückzuführen. Aus diesem Grund wurde die altersspezifische Verteilung der unteren Farbtonwerte (UKATF) analysiert. (In Abb. 26 ist: <u>532</u>.70.22 Lichtgrün und <u>681</u>.34.25 Azurblau. Blaunuancen aus der Gruppe 532 < UKATF < 681 sind zum Beispiel <u>554</u>.42.35 Wasserblau, <u>556</u>.51.30 Türkisblau und <u>600</u>.21.24 Ozeanblau):

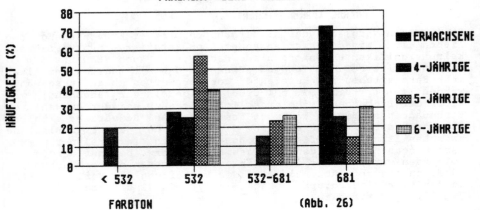

MAX. UNTERE AUSDEHNUNG FARBTON

FARBWORT 'BLAU' (UKATF)

(Abb. 26)

Nach dem H-Test bestand zwischen mindestens zwei der vier Gruppen im Bezug auf die maximale untere Ausdehnung des Farbtons (UKATF) ein signifikanter Unterschied (x^2 = 8.743, p < 0.05). Im direkten Vergleich der Kindergruppen mit der Gruppe der Erwachsenen konnte allerdings ausschließlich bei den fünf- und sechsjährigen Kindern eine Differenz auf signifikantem Niveau nachgewiesen werden (5-E: z = 1.804, p < 0.01) (6-E: 1.528, p < 0.05). Insgesamt ließ sich eine relativ schwache Tendenz erkennen, mit zunehmendem Alter nur noch die höheren Farbtonwerte (also > 600) mit dem Wort 'blau' zu benennen (*tau* C = 0.23042, p < 0.05). Diese Tendenz ist vor allem darauf zurückzuführen, daß alle Erwachsenen (100%) die Farben aus Bereich 532 < UKATF < 681 mit dem Farbwort 'türkis' benannten und niemals (!) den Wörtern 'blau' oder 'grün' zuordneten. Die Kinder (insbesondere die vier- und fünfjährigen) ordneten diese Farbtöne dagegen bevorzugt dem Farbwort 'blau' zu. (In diesem Zusammenhang ist auch bedeutsam, daß 20% der 4-jährigen solche Farbnuancen als UKATF von 'blau' akzeptierten, die niedriger als 532 waren. Etwa: 5<u>01</u>.32.37 Opalgrün, <u>394</u>.38.38 Smaragdgrün und <u>384</u>.79.19 Weißgrün)

Bezüglich der Variablen OKATH, UKATH, OKATS und UKATS ließen sich keine signifikanten Differenzen zwischen den (vier) Altersgruppen nachweisen. Allerdings traten in den einzelnen Stichproben breite Streuungen auf. So variierte (unabhängig vom Alter der Probanden) die maximale obere Ausdehnung der Helligkeit zwischen den Nuancen 688.<u>52</u>.35 Lichtblau, 666.<u>61</u>.02 Silbergrau und 532.<u>70</u>.22 Lichtgrün bzw. 727.<u>49</u>.17 Taubenblau, während im Bereich UKATF die Farbwerte 748.<u>20</u>.24 Saphirblau, 743.<u>15</u>.14 Stahlblau oder 795.<u>07</u>.10 Schwarz-blau auftraten. Im Bereich der Variable UKATS wurden zum Beispiel die Nuancen 743.14.<u>14</u> Stahlblau, 697.24.<u>09</u> Graublau und 731.29.<u>04</u> Graphitgrau gewählt. Es ließ sich also insgesamt feststellen, daß sämtliche Probanden Schwierigkeiten bei der Benennung von schwach gesättigten und sehr hellen bzw. sehr dunklen Blaunuancen hatten. Altersspezifische Unterschiede waren vor allem auf die Integration bestimmter Türkisnuancen in den Referenzbereich des Wortes 'blau' zurückzuführen.

4.3.1.5. Das Farbwort 'grün':

Nach Auswertung der Anzahl der (zu dem Farbwort 'grün' gewählten) Referenten ergab sich die in Abb. 27 dargestellte Verteilung. Aus den Daten geht hervor, daß ein Großteil der jüngeren Probanden im Vergleich zu den Erwachsenen erheblich weniger Nuancen mit diesem Farbwort benannte. Die Überprüfung der Differenzen mit dem H-Test zeigte, daß zwischen mindestens zwei der getesteten Altersgruppen ein Signifikanzunterschied bestand (x^2 = 19.930, p < 0.001). Nach dem anschließenden Direktvergleich der vier Altersgruppen mit dem KOLGOMOROV-SMIRNOV-TEST stellte sich dann heraus, daß nur bei den vierjährigen und fünfjährigen Probanden signifikante Verteilungs-differenzen auftraten (4-E: z = 1.984, p < 0.01) (5-E: z = 1.705, p < 0.01). Das Farbwort 'grün' wurde also insbesondere von diesen Kindern überdiskriminiert. KENDALLs *tau* C läßt zudem eine Tendenz erkennen, daß mit zunehmendem Alter mehr Farbtöne als Referenten dieses Farbwortes ausgewählt wurden (*tau* C = 0.42832, p < 0.001).

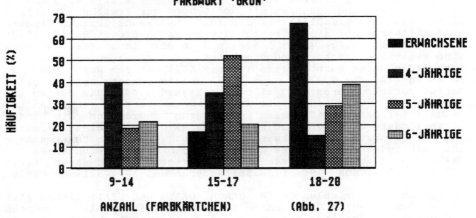

ANZAHL DER GEWÄHLTEN FARBKÄRTCHEN
FARBWORT 'GRÜN'

HÄUFIGKEIT (%)

ANZAHL (FARBKÄRTCHEN)   (Abb. 27)

ERWACHSENE
4-JÄHRIGE
5-JÄHRIGE
6-JÄHRIGE

Im altersspezifischen Vergleich der Variablen UKATF, UKATH, OKATS
und UKATS waren (mit den verwendeten prüfstatistischen Verfahren)
keine signifikanten Differenzen nachzuweisen. Dennoch sind einige
interessante Beobachtungen hervorzuheben. So zeigte sich etwa bei
der Variable UKATH, daß einige der vierjährigen Kinder die extrem
dunklen Grünnuancen überdiskriminierten (d.h. dem Referenzbereich
des Farbwortes 'schwarz' zuordneten). Abb. 28 verdeutlicht dieses
Benennungsverhalten (Dabei umfaßt die Gruppe UKATH < 21 vor allem
280.18.10 Braungrün und 321.20.11 Flaschengrün):

MAX. UNTERE AUSDEHNUNG HELLIGKEIT
FARBWORT 'GRÜN' (UKATH)

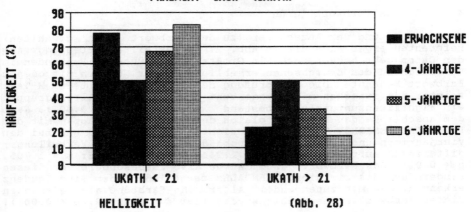

HÄUFIGKEIT (%)

HELLIGKEIT   (Abb. 28)

ERWACHSENE
4-JÄHRIGE
5-JÄHRIGE
6-JÄHRIGE

Ein ähnliches Verhalten zeigten einige der jüngsten Probanden im Bezug auf die maximale untere Ausdehnung der Sättigung. So wurden in einigen Fällen sämtliche schwach gesättigten Grünnuancen überdiskriminiert. Hierzu gehörten zum Beispiel 357.49.22 Resedagrün, 318.33.15 Opalgrün, 295.23.07 Tannengrün oder 338.42.31 Farngrün:

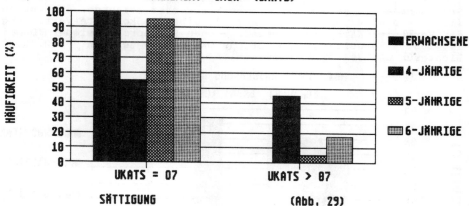

Signifikante Differenzen konnten im Bezug auf die Variablen OKATF und OKATH festgestellt werden. So zeigte die statistische Prüfung der Variable OKATF, daß mit steigendem Alter immer weniger Farben ausgewählt wurden, die kleiner als 537.24.19 Blaugrün waren. Also wurden zunehmend auch Farbtöne wie etwa 467.36.38 Türkisgrün bzw. 501.32.37 Opalgrün oder 537.70.22 Lichtgrün in den referentiellen Bereich des Wortes 'grün' integriert (*tau C* = 0.20385, p < 0.01):

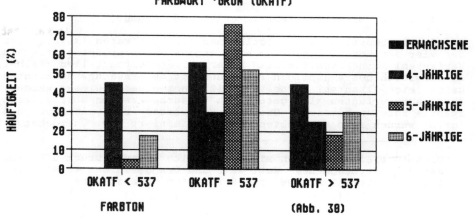

123

Im Bezug auf die Variable OKATH zeigte die Prüfung mit dem H-Test von KRUSKAL & WALLIS (1952), daß zwischen mindestens zwei Gruppen eine hochsignifikante Differenz bestand (x^2 = 28.222, p < 0.001). Nach dem KOLMOGOROV-SMIRNOV-TEST waren die Unterschiede bei allen durchgeführten Direktvergleichen hochsignifikant (4-E: z = 2.445, p < 0.001)(5-E: 2.347, p < 0.001)(6-E: 2.448, p < 0.001). Demnach wurde das Farbwort 'grün' von der Mehrheit der 64 erfaßten Kinder (im oberen Helligkeitsbereich) überdiskriminiert. KENDALLs *tau C* läßt allerdings erkennen, daß mit zunehmendem Alter immer hellere Grünnuancen als Referenten dieses Farbwortes herausgesucht wurden (*tau C* = 0.4784, p < 0.001). Abb. 31 gibt die konkrete Verteilung der Variable OKATH in den verschiedenen Stichproben wieder (Dabei ist 366.55.55 Gelbgrün. Zur Gruppe OKATH > 55 gehören: 532.70.22 Lichtgrün und 384.79.19 Weißgrün):

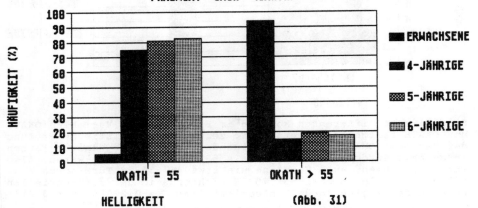

MAX. OBERE AUSDEHNUNG HELLIGKEIT

FARBWORT 'GRÜN' (OKATH)

(Abb. 31)

4.3.1.6. Die Farbwörter 'rot', 'gelb' und 'orange'

Bei den Farbwörtern 'rot', 'gelb' und 'orange' waren im Vergleich der vier Stichproben (mit den hier angewendeten prüfstatistischen Verfahren) keine signifikanten Unterschiede festzustellen. Selbst im Vergleich der 4-jährigen Probanden mit den Erwachsenen konnten keine (signifikanten) Verteilungsdifferenzen nachgewiesen werden. Insgesamt verfügten alle getesteten Versuchspersonen über äußerst stabile Referenzbereiche. Die drei Farbwörter 'rot', 'orange' und 'gelb' wurden also nur selten überdiskriminiert bzw. überdehnt.[1]

---

[1] Diese Übereinstimmungen sind vermutlich darauf zurückzuführen, daß die 'Farbsegmente' Rot, Gelb und Orange in dem verwendeten Stimulusmaterial mit weniger Referenten besetzt waren.

4.3.1.7 Das Farbwort 'violett'

Nach der deskriptiv-statistischen Auswertung der 'Anzahl' der von den verschiedenen Probanden gewählten Referenten ergab sich (nach Altersgruppen geordnet) die in Abb. 32 dargestellte Verteilung:

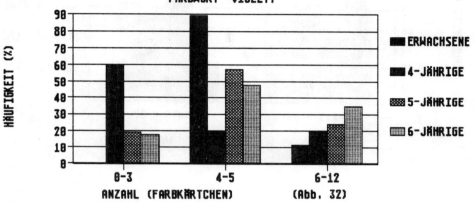

Die Überprüfung mit dem H-Test zeigte, daß zwischen den einzelnen Altersgruppen (bezüglich der zentralen Tendenz) ein signifikanter Unterschied bestand (x^2 = 8.226, p < 0.05). Im direkten Vergleich der drei Kindergruppen mit der Gruppe der Erwachsenen konnten mit dem KOLMOGOROV-SMIRNOV-TEST jedoch nur bei den 4-jährigen Kindern Signifikanzunterschiede festgestellt werden (z = 1.847, p < 0.01) Demnach wurde das Farbwort 'violett' vornehmlich von den jüngsten Probanden überdiskriminiert. Generell ließ sich aber eine Tendenz erkennen, mit zunehmendem Alter mehr Farben als Referenten dieses Farbwortes auszuwählen (*tau C* = 0.23716, p < 0.01). Deshalb wurde die jeweilige Verteilung der Variablen OKATF, UKATF, OKATH, UKATH bzw. OKATS und UKATS analysiert. Abb. 33 zeigt die Verteilung der Variable OKATS. (Dabei gehören zur Gruppe OKATS < 37 zum Beispiel 015.23.<u>36</u> Bordeauxviolett oder 846.37.<u>30</u> Blaulila. Die OKATS > 36 umfaßt 983.45.<u>53</u> Erikaviolett und 039.37.<u>37</u> Rotviolett).

Aus den Daten geht hervor, daß ein Großteil der 4-jährigen Kinder Nuancen mit einer höheren Sättigung als 015.23.<u>36</u> Bordeauxviolett überdiskriminierte. Von dieser Ausgrenzung waren dann vornehmlich 983.45.<u>53</u> Erikaviolett und (oder) 039.37.<u>37</u> Rotviolett betroffen. Die statistische Überprüfung der Verteilungsunterschiede (mit dem KOLMOGOROV-SMIRNOV-TEST) belegte, daß zwischen den 4-jährigen und den erwachsenen Versuchsteilnehmern ein signifikanter Unterschied bestand (z = 1.358, p < 0.05). Im 'Direktvergleich' der fünf- und sechsjährigen Probanden mit den Erwachsenen konnten dagegen keine signifikanten Unterschiede nachgewiesen werden. Auch im Bezug auf die Variablen OKATF, UKATF, OKATH, UKATH bzw. UKATS waren mit den genannten Verfahren keine signifikanten Differenzen nachzuweisen.

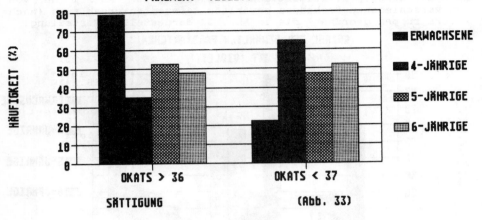

MAX. OBERE AUSDEHNUNG SÄTTIGUNG
FARBWORT 'VIOLETT' (OKATS)

Insgesamt läßt sich das Verhalten der Probanden bei der Benennung des Farbwortes 'violett' folgendermaßen charakterisieren: Bei nur zwei benannten Farbkärtchen wurden vornehmlich 846.37.30 Blaulila und 907.45.25 Rotlila gewählt (überwiegend 4-jährige Kinder). Bei drei benannten Farben trat dann 949.18.25 Purpurviolett hinzu. Im Vergleich mit den beiden zuerst genannten Farbnuancen weist diese Farbe eine vergleichbare Sättigung (25) auf, ist allerdings etwas dunkler. Bei vier benannten Farben wählten die Versuchsteilnehmer grundsätzlich Blaulila, Rotlila und Purpurviolett, sowie entweder 015.23.36 Bordeauxviolett oder 039.37.37 Rotviolett. Diese Farben sind im Vergleich zu den drei erstgenannten Referenten sehr stark gesättigt. Bei fünf und mehr ausgewählten Farben trat schließlich 983.54.45 Erikaviolett (die am stärksten gesättigte Violettnuance des gesamten Stimulusmaterials) hinzu. Das referentielle Spektrum des Farbwortes 'violett' wurde demnach offenbar zuerst im unteren Helligkeitsbereich ausdifferenziert und später dann auf die stark gesättigten Bereiche ausgedehnt. Abb. 34 stellt nun einen Versuch dar, die Bedeutungsentwicklung des Wortes 'violett' auf der Basis dieser Befunde zu rekonstruieren:

126

ANZAHL DER REFERENTEN FARBWORT 'VIOLETT'			
2	**3**	**4**	**> 5**
Blaulila (846.37.30)	Blaulila (846.37.30)	Blaulila (846.37.30)	Blaulila (846.37.30)
Rotlila (907.45.25)	Rotlila (907.45.25)	Rotlila (907.45.25)	Rotlila (907.45.25)
	Purpurviolett (949.18.24)	Purpurviolett (949.18.24)	Purpurviolett (949.18.24)
	----------------	----------------	----------------
		Bordeauxviolett (015.23.36)	Bordeauxviolett (015.23.36)
		bzw.	Rotviolett (039.37.37)
		Rotviolett (039.37.37)	Erikaviolett (983.54.45)

Stabilisierung (1. Phase)   Integration der dunklen Referenten   Integration der stark gesaettigten Referenten

Benennungsverhalten Farbwort 'violett' (Abb. 34)

4.3.1.8. Das Farbwort 'rosa'

Nach Auswertung der Anzahl der (zu dem Farbwort 'rosa' gewählten)
Referenten ergab sich die in Abb. 35 dargestellte Verteilung:

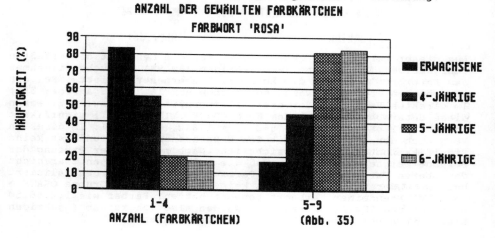

ANZAHL DER GEWÄHLTEN FARBKÄRTCHEN
FARBWORT 'ROSA'

(Abb. 35)

Die anschließende Überprüfung mit dem H-Test von KRUSKAL & WALLIS (1952) zeigte, daß (bezüglich der zentralen Tendenz) zwischen den verschiedenen Altersgruppen ein signifikanter Unterschied bestand (x^2 = 19.003, p < 0.001). Im direkten Vergleich der Kindergruppen mit der Erwachsenengruppe wies der KOLMOGOROV-SMIRNOV-TEST (1948) jedoch lediglich zwischen den fünf- und sechsjährigen Kindern und den Erwachsenen einen signifikanten Unterschied aus (z = 2.001 p < 0.001)(6-E: z = 2.095, p < 0.001). Demnach wurde das Farbwort 'rosa' in erster Linie von den fünf- bzw. sechsjährigen Probanden überdehnt. Es stellte sich nun die Frage, in welchen (peripheren) Zonen das Farbwort 'rosa' von diesen Vpn überdehnt worden war. Im Bezug auf die zunächst geprüften Variablen OKATH, UKATF und UKATS ließen sich keine signifikanten Unterschiede nachweisen. Abb. 36 zeigt deswegen die (interessante) alterspezifische Verteilung der Variable OKATF (Dabei ist 0̲6̲7̲.51.21 Rose'. Die Gruppe OKATF > 067 umfaßt zum Beispiel 0̲7̲2̲.48.59 Erdbeerrot, 1̲1̲2̲.56.50 Lachsrot oder 1̲3̲0̲.31.32 Beigerot. Zu der Gruppe OKATF < 067 gehören vornehmlich 0̲6̲2̲.57.39 Altrosa und 0̲5̲9̲.38.58 Himbeerrot):

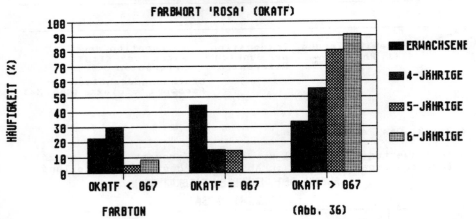

Aus dieser Darstellung geht hervor, daß die Mehrheit der erfaßten fünfjährigen (81.2%) und sechsjährigen (80.9%) Versuchsteilnehmer das Farbwort 'rosa' in den Rotbereich übergeneralisierte. Bei den erwachsenen Probanden waren es dagegen nur 16.7% (4-jährige: 55%) Im direkten Vergleich der drei Altersgruppen (5-E bzw. 6-E) waren diese Unterschiede (nach dem KOLMOGOROV-SMIRNOV-TEST) signifikant (5-E: z = 1.482, p < 0.05)(6-E: z = 1.842, P < 0.01). Im direkten Vergleich der 4-jährigen mit den Erwachsenen waren zunächst keine Signifikanzunterschiede ersichtlich. Nach mehrmaliger Prüfung der Befunde zeigte sich jedoch, daß die meisten 4-jährigen zwar nicht den oberen Farbtonbereich des Farbwortes 'rosa' übergeneralisiert hatten, andererseits aber auch keine Farbe aus der Gruppe OKATF > 067 mit irgendeinem Farbwort benannt hatten. Farben wie 1̲1̲2̲.56.50 Lachsrot und 1̲3̲0̲.31.32 Beigerot wurden also von keinem 4-jährigen Kind (mit einem der elf Grundfarbwörter) benannt.

Ähnliche Verteilungsdifferenzen konnten hinsichtlich der Variable OKATS nachgewiesen werden. So waren 71.4% der erfaßten 5-jährigen und 69.4% der 6-jährigen Probanden bereit auch solche Sättigungen zu wählen, die 067.51.<u>52</u> Rose' überschreiten. Bei den Erwachsenen und 4-jährigen waren es dagegen nur 22.3% bzw. 25.0%. Im direkten Vergleich der fünf- bzw. sechsjährigen Kinder mit den Erwachsenen waren diese Unterschiede signifikant (5-E: z = 1.754, p < 0.01) (6-E: z = 1.896, p < 0.01). Im Direktvergleich der 4-jährigen und erwachsenen Probanden ließen sich keine signifikanten Differenzen feststellen. Abb. 37 zeigt die (altersspezifische) Verteilung der Variable OKATS (Dabei ist 067.51.<u>52</u> Rose'. Zu OKATS > 52 gehören vornehmlich 059.38.<u>58</u> Himbeerrot und 072.48.<u>59</u> Erdbeerrot):

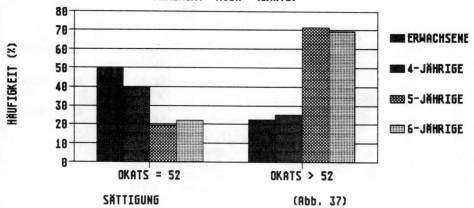

Signifikanzunterschiede zwischen den fünf- bzw. sechsjährigen und den erwachsenen Teilnehmern traten auch im Bezug auf die Variable UKATH auf (5-E: z = 2.125, p < 0.001)(6-E: z = 1.643, p < 0.001). Abb. 38 zeigt die Verteilung dieser Variable in den verschiedenen Altersgruppen (Dabei ist: 067.<u>51</u>.52 Rose', 983.<u>54</u>.45 Erikaviolett und 039.<u>37</u>.37 Rotviolett bzw. 059.<u>38</u>.58 Himbeerrot). Es läßt sich erkennen, daß die Mehrzahl der 5-jährigen (66.7%) bzw. 6-jährigen (61%) Probanden das Farbwort 'rosa' in die dunklere Violettregion überdehnte. Ausgehend von 059.<u>38</u>.58 Himbeerrot wurden also einige Violettnuancen (039.<u>37</u>.37 Rotviolett und/oder 846.<u>37</u>.30 Blaulila) in den Referenzbereich dieses Wortes übernommen. Die vierjährigen Kinder ordneten diese Items entweder dem Farbwort 'violett', oder aber gar keinem Farbwort zu.

Insgesamt läßt sich das Verhalten der Probanden bei der Benennung des Farbwortes 'rosa' folgendermaßen zusammenfassen: Entscheidend für die häufige Überdehnung (bei den fünf- und sechsjährigen Vpn) scheint die Farbnuance 059.38.58 Himbeerrot zu sein. Diese Nuance muß im Bezug auf ihre Helligkeit als periphere Instanz von 'rosa' angesehen werden. Sämtliche der 'nächstdunkleren' Nuancen gehören in den Referenzbereich des Farbwortes 'violett'. Hinsichtlich der Sättigung muß Himbeerrot jedoch (ebenfalls) als periphere Instanz von 'rot' betrachtet werden. So sind alle stärker gesättigten und helleren Nuancen dem referentiellen Spektrum des Farbwortes 'rot' zuzuordnen. Offenbar verfügte nun aber die Mehrheit der fünf- und sechsjährigen Kinder über kein festes Zuordnungsprinzip für diese Farbnuance. Sobald also Himbeerrot dem Farbwort 'rosa' zugeordnet wurde, wurden aufgrund der konkreten Helligkeitskohärenz auch die dunkleren Violettnuancen Rotviolett und Blaulila akzeptiert, oder aufgrund der Sättigungskohärenz Erdbeerrot, Lachsrot und Beigerot in den Referenzbereich dieses Wortes integriert. Bei den jüngsten Probanden traten keine Übergeneralisierungen auf, weil Himbeerrot zumeist gar keinem Farbwort zugeordnet werden konnte.

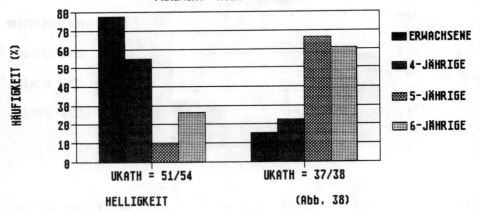

4.3.1.9. Das Farbwort 'braun'

Nach Auswertung der Anzahl der (zu diesem Wort) gewählten Nuancen ergab sich die in Abb. 39 dargestellte Häufigkeitsverteilung. Die statistische Prüfung der zentralen Tendenzen (H-Test) zeigte, daß zwischen mindestens zwei der vier Gruppen Signifikanzunterschiede bestanden (H-Test) (x^2 = 13.715, p < 0.01). Im direkten Vergleich der einzelnen Altersgruppen waren dann nur zwischen den vier- und fünfjährigen Kindern und den Erwachsenen signifikante Differenzen ersichtlich (4-E: z = 1.659, p < 0.01)(5-E: z = 1.433, p < 0.05). Das Farbwort 'braun' wurde also insbesondere von diesen Probanden überdiskriminiert. Insgesamt ließ sich aber eine schwache Tendenz erkennen, mit zunehmendem Alter mehr Braunnuancen als Referenten dieses Farbwortes auszuwählen (*tau C* = 0.34464, p < 0.001). Damit stellte sich wiederum die Frage, in welchen Referenzbereichen das Farbwort 'braun' von den vier- bzw. fünfjährigen Kindern überdiskriminiert worden war.

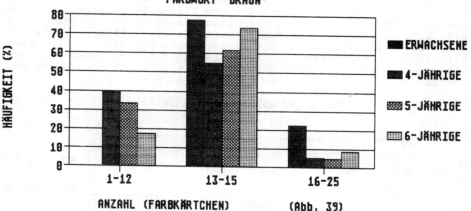

ANZAHL DER GEWÄHLTEN FARBKÄRTCHEN
FARBWORT 'BRAUN'

ERWACHSENE
4-JÄHRIGE
5-JÄHRIGE
6-JÄHRIGE

ANZAHL (FARBKÄRTCHEN)   (Abb. 39)

Abb. 40 zeigt die Verteilung der Variable OKATF in den getesteten
Altersgruppen. Hier deutet sich an, daß wesentlich weniger Kinder
(im Vergleich zu den Erwachsenen) die Nuancen 217.46.31 Grünbraun
und/oder 280.18.10 Braungrün mit dem Wort 'braun' benannten. Nach
dem H-Test bestand auch bezüglich der zentralen Tendenz von OKATF
zwischen mindestens zwei der vier Altersgruppen ein signifikanter
Unterschied (x^2 = 15.747, p < 0.001). Der KOLMOGOROV-SMIRNOV-TEST
wies jedoch nur zwischen den ältesten Kindern und den Erwachsenen
einen überzufälligen Verteilungsunterschied aus (6-E: z = 1.997,
p < 0.01)(In Abb. 40 ist 188.35.32 Olivbraun, 217.46.31 Grünbraun
und 280.18.10 Braungrün):

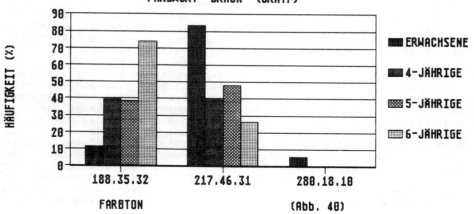

MAX. OBERE AUSDEHNUNG FARBTON
FARBWORT 'BRAUN' (OKATF)

ERWACHSENE
4-JÄHRIGE
5-JÄHRIGE
6-JÄHRIGE

FARBTON   (Abb. 40)

Die deskriptiv-statistische Verteilung der Variable OKATH wird in
Abb. 41 dargestellt (Dabei ist zunächst 188.47.45 Ockerbraun. Die
Gruppe OKATH < 47 umfaßt beispielsweise die Farbnuancen 158.46.48
Orangenbraun, 132.38.39 Nussbraun und 170.38.36 Lehmbraun. Zu der
Gruppe OKATH > 47 gehören vornehmlich 152.60.77 Hellrotorange und
040.71.22 Hellrosa). Nach den verwendeten statistischen Verfahren
waren keine signifikanten Unterschiede zwischen den verschiedenen
Altersgruppen festzustellen. KENDALLs *tau C* deutet jedoch an, daß
mit zunehmendem Alter auch Ockerbraun als Referent des Farbwortes
'braun' akzeptiert wurde (*tau C* = 0.25778, p < 0.001).

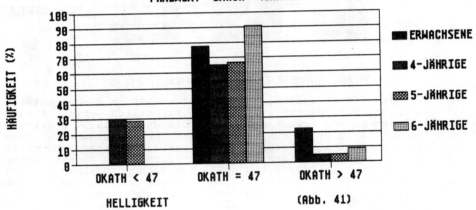

Ein ähnlicher Befund ergab sich nach Prüfung der maximalen oberen
Ausdehnung der Sättigung. Es ließen sich zwar keine signifikanten
Unterschiede zwischen den Altersgruppen nachweisen, jedoch deutet
KENDALLs *tau C* (0.22288, p < 0.01) an, daß mit zunehmendem Alter
stärker gesättigte Braunnuancen in den Referenzbereich integriert
wurden. Abb. 42 verdeutlicht die Verteilung der Variable OKATS in
den verschiedenen Altersgruppen. (Dabei ist 188.47.45 Ockerbraun,
158.46.48 Orangenbraun und 107.40.53 Korallenrot).

Insgesamt läßt sich das Verhalten der Probanden bei der Benennung
des Farbwortes 'braun' folgendermaßen charakterisieren: Allgemein
war (unabhängig vom Alter der Probanden) eine erhebliche Streuung
bei der Zuordnung und Benennung von Referenten zu diesem Farbwort
festzustellen. So variierte selbst bei den Erwachsenen die Anzahl
der gewählten Farbkärtchen zwischen 13 und 17. Bei den getesteten
Kindern traten sogar Schwankungen von 1 bis 25 auf. Dabei konnten
die Referenten aus den Bereichen UKATF, UKATH und UKATS noch mehr
oder minder sicher klassifiziert werden. Bei den Braunnuancen aus
aus den Bereichen OKATF, OKATH und OKATS ergaben sich dagegen bei
allen Probanden erhebliche Schwierigkeiten. Diese Nuancen wurden
häufig den angrenzenden Farben Rot, Orange und Grün zugeordnet.

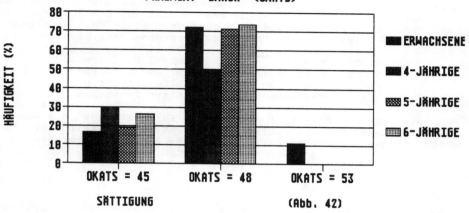

MAX. OBERE AUSDEHNUNG SÄTTIGUNG
FARBWORT 'BRAUN' (OKATS)

HÄUFIGKEIT (%)

ERWACHSENE
4-JÄHRIGE
5-JÄHRIGE
6-JÄHRIGE

OKATS = 45   OKATS = 48   OKATS = 53

SÄTTIGUNG   (Abb. 42)

4.4. Experiment II (Methode)

Im unmittelbaren Anschluß an Experiment I wurde das Experiment II durchgeführt. Die Probanden wurden dabei mit der Aufgabe vertraut gemacht, zu jedem der bereits bekannten Grundfarbwörter diejenige Farbnuance herauszusuchen, die ihrer Meinung nach als 'optimaler' Referent (bzw. Prototyp) des entsprechenden Farbwortes bezeichnet werden konnte. Dann erhielten die erwachsenen Probanden bei jedem Farbwort die Instruktion: "Wählen Sie bitte diejenige Farbnuance aus, die ihrer Meinung nach das 'typischste' .... darstellt!" Bei den jüngeren Probanden wurde die Instruktion dem jeweiligen Alter bzw. Entwicklungsstand angepaßt: "Suche bitte 'mal das typischste (Grün, Gelb, Blau, etc.) heraus!" oder auch "Welches Kärtchen ist das beste (Orange, Rosa, Weiß, etc.)?" Nachdem die Probanden ihre Entscheidung zu einem der (elf) vorgegebenen Farbwörter getroffen hatten, notierte der Versuchsleiter zuerst die Eurocolor-Kennzahl der jeweiligen Farbnuance, ordnete diese wieder in die Ansammlung ein und gab dann das nächste Farbwort bekannt. Die elf Farbwörter wurden dabei in einer ständig wechselnden (d.h von Versuchsperson zu Versuchsperson verschiedenen) Reihenfolge präsentiert. Für die einzelnen Aufgaben war keine zeitliche Begrenzung vorgesehen.

4.4.1. Experiment II (Ergebnisse)

Um die Prototypenurteile in den einzelnen Altersgruppen bestimmen bzw. miteinander vergleichen zu können, wurde bei jedem einzelnen Probanden die Eurocolor-Kennzahl des (gewählten) Primärreferenten nach Farbton, Helligkeit und Sättigung unterschieden. Es ergaben sich daraus folgende statistisch auszuwertende Variablen:

```
PROTF  : Farbton     des gewählten Prototypen
PROTH  : Helligkeit  des gewählten Prototypen
PROTS  : Sättigung   des gewählten Prototypen
ANZAHL : Häufigkeit  des gewählten Prototypen
```

Wenn ein Versuchsteilnehmer also zu dem Farbwort 'rot' die Nuance 099.34.61 Karminrot als optimalen Referenten ausgewählt hatte, so wurden folgende Werte in die statistische Analyse einbezogen:

```
PROTF:     PROTH:     PROTS:
-------------------------------
 099         34         61
-------------------------------
```

Hinsichtlich der oben aufgeführten Variablen erfolgte die Prüfung auf signifikante Differenzen zwischen den einzelnen Altersgruppen zunächst durch eine einfache non-parametrische Rangvarianzanalyse von KRUSKAL & WALLIS (H-Test)(vgl.: CLAUß & EBNER, 1985,346). Auf diese Weise sollte festgestellt werden, ob die (vier) Stichproben bezüglich ihrer zentralen Tendenz als aus der gleichen Population stammend betrachtet werden konnten. Wenn sich dabei überzufällige Unterschiede ergaben, wurde jede der drei Kindergruppen (in einer getrennten Auswertung) mit der Gruppe der Erwachsenen verglichen. Hier erfolgte die Prüfung mit dem KOLMOGOROV-SMIRNOV-TEST (1948) für zwei unabhängige Stichproben, der neben der zentralen Tendenz auch andere Verteilungsparameter berücksichtigt und damit weitaus empfindlicher für (eventuelle) Verteilungsunterschiede ist (vgl.: CLAUß & EBNER, 1985,236-240). Darüberhinaus wurde KENDALLs *tau C* (1955) herangezogen, um Zusammenhänge zwischen dem Alter der Probanden und einer möglichen Verlagerung des Prototypen zu überprüfen.

4.4.1.1. Das Farbwort 'gelb'

Bei der deskriptiv-statistischen Auswertung der Prototypenurteile deutete sich an, daß hinsichtlich der drei Variablen PROTF, PROTH und PROTS wesentliche Unterschiede zwischen den einzelnen Gruppen bestanden. Abb. 43 zeigt nun die altersspezifische Verteilung der Variable PROTF (Dabei ist: 237.77.92 Kadmiumgelb, 247.83.75 Zinkgelb und 272.87.75 Schwefelgelb). Aus den Daten geht hervor, daß die Mehrzahl der Erwachsenen Kadmiumgelb als prototypische Nuance akzeptierte, während die meisten Kinder Schwefelgelb wählten. Die statistische Prüfung mit dem H-Test wies zwischen mindestens zwei der vier Stichproben (bezüglich der zentralen Tendenz von OKATF) einen hochsignifikanten Unterschied aus ($x^2 = 20.590$, $p < 0.001$).

Mit dem KOLMOGOROV-SMIRNOV-TEST ließen sich schließlich bei allen durchgeführten 'Direktvergleichen' signifikante Differenzen nachweisen (4-E: z = 1.842, p < 0.01) (5-E: z = 1.779, p < 0.01)(6-E: z = 2.349, p < 0.001). Damit stellte sich die interessante Frage, warum die Kinder Schwefelgelb gegenüber Kadmiumgelb bevorzugten.

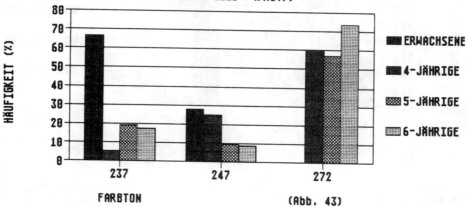

FARBTON DES PROTOTYPEN
FARBWORT 'GELB' (PROTF)

HÄUFIGKEIT (%)

■■■ ERWACHSENE

■ 4-JÄHRIGE

▨ 5-JÄHRIGE

▨ 6-JÄHRIGE

FARBTON   (Abb. 43)

Die anschließende Überprüfung der Variable PROTH brachte zunächst keine neuen Aufschlüsse über die Prototypenurteile der Kinder. Es ergaben sich (exakt) die gleichen statistischen Befunde (wie oben dargestellt). Bei der Auswertung von OKATS ließ sich dann jedoch eine mögliche Ursache für das abweichende Benennungsverhalten der jüngeren Probanden erkennen. Abb. 44 gibt eine Überblick über die Verteilung der Variable OKATS in den einzelnen Stichproben (Dabei ist zu beachten, daß die Prototypen Zinkgelb und Schwefelgelb die gleiche Sättigung (75) aufweisen). Hierbei wird deutlich, daß die starke Sättigung ein entscheidender Faktor bei der Festlegung des Prototypen der Erwachsenen (237.77.92 Kadmiumgelb) war. Insgesamt 66.7% der erwachsenen Probanden bevorzugten diesen Sättigungswert (4-jährige 5.0%) (5-jährige 19.0%)(6-jährige 17.4%). Die Mehrheit der Kinder wählte dagegen die weitaus schwächer gesättigten (aber erheblich helleren) Farbtöne 272.87.75 Schwefelgelb und 247.83.75 Zinkgelb (4-jährige 85%)(5-jährige 66.7%)(6-jährige 82.6%). Diese Differenzen wies der H-Test als signifikant aus (x^2 = 15.380, p < 0.01). Im Direktvergleich der verschiedenen Altersgruppen konnten signifikante Unterschiede nur bei den vier- und sechsjährigen Vpn festgestellt werden, während bei den fünfjährigen Teilnehmern das Signifikanzniveau knapp verfehlt wurde (4-E: z = 1.898, p < 0.01) (5-E: z = 1.334, p = 0.057)(6-E: z = 1.566, p < 0.01).[1]

---

[1] Dieser Befund steht im Widerspruch zu den eingangs angeführten Ergebnissen von MERVIS, CATLIN & ROSCH (1975,55) (vgl.: 2.2.).

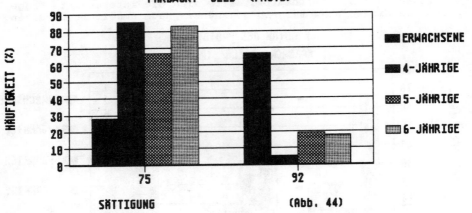

SÄTTIGUNG DES PROTYPEN
FARBWORT 'GELB' (PROTS)

(Abb. 44)

4.4.1.2. Das Farbwort 'blau'

Nach Auswertung der einzelnen Prototypenurteile ergab sich die in
Abb. 45 dargestellte Verteilung (Da diese Verteilung hinsichtlich
der Variablen PROTF, PROTH und PROTS (exakt) übereinstimmte, wird
an dieser Stelle die (altersspezifische) Häufigkeit der gewählten
Prototypen gezeigt):

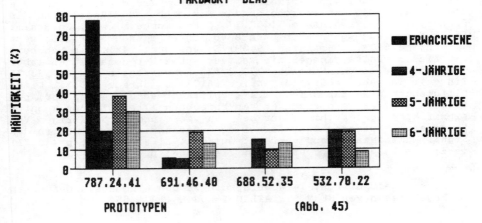

ANZAHL DER GEWÄHLTEN PROTOTYPEN
FARBWORT 'BLAU'

(Abb. 45)

In Abb. 45 ist 787.24.41 Ultramarinblau, 691.46.40 Himmelblau und 688.52.35 Lichtblau und 532.70.22 Lichtgrün. Es deutete sich hier an, daß (wie bei dem Farbwort 'gelb') mit zunehmendem Alter immer stärker gesättigte Farbnuancen als Primärreferenten identifiziert wurden, während die Helligkeit der prototypischen Referenten mit zunehmendem Alter abnahm (*tau C* PROTS/Alter: 0.32322, p < 0.001; PROTH/Alter: -0.21099, p < 0.01). Sowohl nach dem parameterfreien Prüfverfahren von KRUSKAL & WALLIS (1952) (H-test), als auch nach dem KOLMOGOROV-SMIRNOV-TEST (1948) bestanden zwischen den Gruppen signifikante Unterschiede.[2]

4.4.1.3. Die anderen Farbwörter

Bei den übrigen neun Farbwörtern (rot, grün, orange, rosa, braun, weiß, schwarz, grau und violett) ließen sich mit den angewendeten prüfstatistischen Verfahren keine Signifikanzen zwischen den vier getesteten Altersgruppen feststellen. In Abb. 46 werden daher die Prototypenurteile zu diesen Farbwörtern im Überblick dargestellt:

	NENNUNG (%)			
PROTOTYP	**4**	**5**	**6**	**E**
102.37.62 FEUERROT	79.1	82.0	83.7	92.0
144.55.86 REINORANGE	90.5	85.2	81.0	95.7
846.37.30 BLAULILA	68.0	62.7	75.1	73.4
722.02.00 TIEFSCHWARZ	75.0	63.3	78.3	94.4
286.92.05 REINWEISS	75.2	78.1	65.2	94.4
441.38.49 MINZGRUEN	55.0	63.7	58.2	77.8
040.71.22 HELLROSA	65.7	81.1	70.5	72.3
169.32.30 REHBRAUN	48.0	50.5	52.7	60.0
591.26.06 GRANITGRAU	44.4	38.2	50.0	48.0

Prototypenurteile in den
einzelnen Altersgruppen
(Abb. 46)

---

[2] Aus Gründen der Übersichtlichkeit wird in diesem Zusammenhang auf eine ausführliche Auflistung der (insgesamt 12) Ergebnisse verzichtet. Zu beachten ist jedoch die interessante Parallele bei den Prototypenurteilen zu 'gelb' und 'blau'.

4.5. Diskussion

Aus der vorliegenden Untersuchung geht hervor, daß die Stabilität
der referentiellen Peripherien bei Kindern allgemein geringer ist
als bei Erwachsenen. Kinder lassen insgesamt eine weitaus größere
Unsicherheit bei der Klassifizierung und Benennung von peripheren
Farbnuancen erkennen, d.h. sie überdehnen oder überdiskriminieren
häufiger die Randzonen einer Farbbedeutung als Erwachsene. Dieser
Befund, der exakt mit den experimentalpsychologischen Ergebnissen
von MERVIS, CATLIN & ROSCH (1975) übereinstimmt, läßt sich jedoch
noch weiter präzisieren. So werden die referentiellen Peripherien
der Grundfarbwörter nicht etwa beliebig (zufällig) überdehnt bzw.
überdiskriminiert. Eine 'instabile' Zuordnung und Benennung tritt
vielmehr nur in solchen Referenzbereichen auf, in denen bestimmte
(konkrete) anschauliche Kohärenzen prävalieren. Als Beispiel möge
hier zunächst das Farbwort 'grün' dienen (vgl.: 4.3.1.5.). Dieses
Farbwort wurde von der überwiegenden Mehrheit der 64 untersuchten
Kinder im oberen Helligkeitsbereich überdiskriminiert. Farben wie
532.70.22 Lichtgrün und 384.79.19 Weißgrün wurden also fast immer
aus dem referentiellen Spektrum des Wortes 'grün' ausgeschlossen.
Wenn man nun verfolgt, welchen Referenzbereichen diese speziellen
Farben zugeordnet wurden, so kann man feststellen, daß die Kinder
Lichtgrün vorwiegend mit dem Farbwort 'blau' und Weißgrün zumeist
mit dem Farbwort 'weiß' bezeichneten. Die wesentliche Ursache für
dieses Benennungsverhalten ergibt sich aus der großen Ähnlichkeit
(bzw. Helligkeitskohärenz) der Referenten 532.70.22 Lichtgrün und
688.52.35 Lichtblau einerseits, sowie 384.79.19 Weißgrün und/oder
411.79.02 Lichtgrau bzw. 394.82.04 Papyrusweis andererseits. Hier
liegen derart 'extreme' Kohärenzen vor, daß die Kinder nicht mehr
nach einem festen Klassifizierungsprinzip auswählten, sondern von
dem sich aufdrängenden Erlebnis der Helligkeit geleitet wurden.[1]

Die vorliegende experimentelle Untersuchung belegt ebenfalls, daß
die Stabilität der referentiellen Randzonen mit zunehmendem Alter
ansteigt. Allerdings läßt sich dieser recht allgemein formulierte
(und zu erwartende) Befund nicht pauschalisieren. Insgesamt nimmt
zwar die Klassifizierungseffizienz bzw. Bennennungskonsistenz mit
steigendem Alter zu, es treten jedoch gleichzeitig auch deutliche

---

[1] Die Phänomene der Überdiskrimination bzw. Übergeneralisierung
von Wortbedeutungen sind demzufolge nicht etwa zwei weitgehend
unabhängig voneinander existierende Erscheinungen der (frühen)
Kindersprache, sondern unterschiedliche Erscheinungsformen ein
und desselben Klassifizierungs- bzw. Benennungsverhaltens. Wie
das obengenannte Beispiel zeigt, bleibt die Überdiskrimination
von einigen 'peripheren' Grünnuancen nicht ohne Folgen für die
angrenzenden referentiellen Zonen: Der Überdiskrimination des
Farbwortes 'grün' entspricht gleichzeitig eine Überdehnung der
Farbwörter 'blau' und 'weiß'. Diese Interdependenz wird in der
neueren Psycholinguistik häufig zu wenig beachtet. So befassen
sich viele Untersuchungen ausschließlich mit einem der beiden
Phänomene (vgl. beispielsweise: WHITE, 1982).

interindividuelle Schwankungen auf. So ist es in einzelnen Fällen möglich, daß ein vierjähriges Kind eine weitaus höhere Konsistenz bei der Benennung von (peripheren) Farbnuancen zeigt als etwa ein sechsjähriges Kind. Aus diesem Grunde ist es auch recht schwierig ein Sequenzmodell der Farbbedeutungsentwicklung zu erstellen, das die alterstypischen Leistungen der Kinder aufeinander bezieht und zusammenfassend darstellt. 'Unter Vorbehalt' läßt sich vielleicht feststellen, daß zwischen dem 4. und 5. Lebensjahr möglicherweise eine umfassendere Ausdifferenzierung der referentiellen Randzonen erfolgt. Jedenfalls traten signifikante Unterschiede insbesondere bei den Vergleichen der 4-jährigen mit den Erwachsenen auf.

Im Bezug auf die Benennung von prototypischen Instanzen bestätigt diese Untersuchung grundsätzlich die (empirischen) Ergebnisse von MERVIS, CATLIN & ROSCH (1975), nach denen die fokalen Zentren des chromatischen Spektrums mit einer viel höheren Konsistenz benannt werden als die peripheren Regionen. Jedoch widerlegen die Befunde zu den Grundfarbwörtern 'gelb' und 'blau' die Auffassung, daß die als prototypisch beurteilten Instanzen der jüngeren Probanden mit denen der Erwachsenen übereinstimmen (vgl: 4.4.1.1. und 4.4.1.2.) So wählten die erwachsenen Probanden ausnahmslos die am stärksten gesättigten Farben als Prototypen aus, während die Kinder zumeist die hellsten Farben bevorzugten. Wie läßt sich dieses abweichende Verhalten bei der Identifizierung von Prototypen nun erklären?

Aus der Perspektive der gestalttheoretischen Konzeption ist diese Diskrepanz auf die Ausbildung völlig verschiedener Farbstrukturen zurückzuführen. Die Kinder wählten die hellsten Nuancen aus, weil sich die unter günstigen äußeren Bedingungen entstandene Struktur 'hell' und 'dunkel' dann auch unter den ungünstigeren Bedingungen der Untersuchung gegenüber allen anderen ausgebildeten Strukturen durchsetzte (vgl.: 3.3.). Dagegen basierten die Prototypenurteile der Erwachsenen auf weitaus komplexeren Strukturinformationen wie beispielsweise 'fokale Farbe A' und 'fokale Farbe B' oder 'fokale Farbe A' und 'periphere Farbe C', etc.[2]

---

[2] In diesem Zusammenhang muß jedoch allgemein darauf hingewiesen werden, daß die psychologische Realität solcher Farbstrukturen bzw. hypothetischen Konstrukte mit den dargestellten Versuchen nicht vollends bestätigt werden konnte. Mit einiger Sicherheit läßt sich lediglich feststellen, daß (vornehmlich bei jüngeren Kindern) beobachtbare Kohärenzerlebnisse bei der Benennung von peripheren Referenten auftreten. Für zukünftige Untersuchungen ergeben sich daraus folgende Konsequenzen bzw. Aufgaben:

1) Um die Ausdifferenzierung der referentiellen Randzonen noch umfassender dokumentieren und analysieren zu können, bieten sich Längsschnittstudien an, in denen das Verhalten bei der Benennung von Grundfarbwörtern über einen längeren Zeitraum beobachtet werden kann.

2) Um die Entstehung von Farbstrukturen zu überprüfen, könnten sekundäre Farbwörter in die Untersuchung einbezogen werden.

Literatur:

ALLAN, K. *Linguistic meaning*. London: Routledge & Kegan Paul, 1986.

AMENT, W. *Die Entwicklung von Sprechen und Denken beim Kinde*. Leipzig: Barth, 1892.

ANDRICK, G.R. & TAGER-FLUSBERG, H. The acquisition of color terms. *Journal of Child Language* 13 (1986): 119-134.

ANGLIN, J.M. *Word, object, and conceptual development*. New York: Norton, 1977.

ANYAN, W.R. & QUILLIAN, W. The naming of primary colors by children. *Child Development* 42 (1971): 1629-1632.

ARNHEIM, R. *Anschauliches Denken*. Köln: Du Mont, 1980. (engl. Original 1969).

BARTLETT, E.J. The acquisition of the meaning of color terms: A study of lexical development. In P. SMITH & R. CAMPBELL (Eds.): *Proceedings of the NATO conference on the psychology of language*. New York: Plenum, 1977.

BATEMAN, W.G. The naming of colors by children: The Binet-Test. *Pedagogical Seminary* 22 (1915):469-486.

BERLIN, B. & KAY, P. *Basic color terms*. Berkeley: University of California Press, 1969.

BIERWISCH, M. Semantics. In J. LYONS (Ed): *New Horizons in Linguistics*. Harmondsworth: Penguin, 1970.

BINET, A. Perceptions d'enfants. *Revue Philosophique* 30 (1890): 582-611.

BISCHOF, N. Erkenntnistheoretische Grundlagenprobleme der Wahrnehmungspsychologie. *Handbuch der Psychologie* Bd. I, 1. Halbband, Göttingen, 1966, 21-78.

BLOOM, L. *Language development: form and function in emerging grammars*. Cambridge, Mass: MIT Press, 1970.

BOHANNAN, P. *Social anthropology*. New York: Holt, Rinehart and Winston, 1963.

BOLINGER, D. The atomization of meaning. *Language* 41 (1965): 555–573.

BOWERMAN, M. *The acquisition of word meaning: An investigaton of some current conflicts* Paper presented at the Third International Child Language Symposium, London, 1975.

BRAINE, M.D. The ontogeny of English phrase structure: the first phase. *Language*, 39 (1963): 1–13.

BRAINE, M.D. On what case categories are, why they are, and how they develop. In E.WANNER & L.R. GLEITMAN (Eds.): *Language acquisition: The state of the art.* Cambridge: Cambridge University Press, 1982, 219–240

BATES, E. & MacWHINNEY, B. Functionalist approaches to grammar. In E.WANNER & L. GLEITMAN (Eds.): *Language acquisition: The state of the art.* Cambridge: Cambridge University Press, 1982, 173–218.

BATTIG, W.F. & MONTAGUE, W.F. Category norms for verbal items in 56 categories. *Journal of Experimental Psychology* 80 (1969): 1–46.

BEUTEL, P. KÜFFNER, H, RÖCK, E, SCHUBÖ, W. (Eds.): *SPSS Statistical package for the social sciences.* Stuttgart: Fischer, 1978. (Original NIE et al., 1975).

BOCHUMER ARBEITSGRUPPE: Einflüsse bei der Wahl von Bezeichnungen. Nachuntersuchung des Gefäß-Experiments von Labov im Deutschen. *Zeitschrift für germanistische Linguistik* 12 (1984): 156–180.

BOCK, H. *Argumentationswert bildhafter Sprache im Dialog.* Frankfurt, 1981.

BORNSTEIN, M.H. Qualities of color vision in infancy. *Journal of Experimental Child Psychology* 19 (1975): 401–419.

BORNSTEIN, M.H. Infants are trichromats. *Journal of Experimental Child Psychology* 21 (1976): 425–445.

BORNSTEIN, M.H., KESSEN, W. & WEISKOPF, S. Color vision and hue categorization in young human infants. *Journal of Experimental Psychology: Human Perception and Performance* 2 (1976): 115–129.

BORNSTEIN, M.H. On the development of color naming in young children: Data and theory. *Brain and Language* 26 (1985): 72–93.

BOWERMAN, M. Systemizing semantic knowledge. Changes over time in the child's organization of meaning. *Child development* 49 (1978): 977-987.

BROMME, R. Die Prototypentheorie. Zur Psychologie der begrifflichen Erfassung des 'Wesentlichen'. In N. GROEBEN, W. KEIL & U. PIONTKOWSKI (Eds.): *Zukunfts-Gestalt-Wunsch-Psychologie*. Münster, 1988, 141-155.

BROOKS, L. Nonanalytic concept formation and memory for instances. In E. ROSCH & B.B. LLOYD (Eds): *Cognition and categorization*. Hillsdale, New Jersey: Lawrence Erlbaum Associates, 1978, 169-211.

BROWN, R. & LENNEBERG, E. A study in language and cognition. *Journal of Abnormal and Social Psychology* 49 (1954): 454-462.

BROWN, R & HANLON, C. Derivational complexity and order of acquisition in child speech. In J.R. HAYES (Ed.): *Cognition and the development of language*. New York: Wiley, 1970, 11-53.

BROWN, R. *Words and things*. New York: The Free Press, 1968.

BROWN, R. *A first language: The early stages*. Cambridge Mass: MIT Press, 1973.

BROWN, R. A new paradigm of reference. Psychology and biology of language and thought. *Essays in the honor of Eric Lenneberg*. G.A. MILLER & E. LENNEBERG (Eds.) New York: Academic Press, 1978, 151-166.

BÜHLER, K. *Die Krise der Psychologie*. Stuttgart, 1965 (Original von 1927).

BÜHLER, K. *Sprachtheorie*. Jena, 1934.

BULLENS, H. Zur Entwicklung des begrifflichen Denkens. In OERTER, R. & MONTADA, L. (Eds.): *Entwicklungspsychologie*. München: Urban & Schwarzenberg, 1982.

CAREY, S. Less may never mean more. In R. CAMPBELL & P. SMITH (Eds.): *Recent advances in the psychology of language (Sterling Conference)*. New York: Plenum, 1977.

CAREY, S. The child as word learner. In M. HALLE, J. BRESNAN & G.A. MILLER (Eds.): *Linguistic theory and psychological reality*. Cambridge, Mass: MIT Press, 1978.

CAREY, S. Semantic development: The state of the art. In E. WANNER & L. GLEITMAN (Eds.): *Language acquisition: The state of the art.* Cambridge: Cambridge University Press, 1982.

CAREY, S. *Conceptual change in childhood.* Cambridge, Mass: Bradford, 1985.

CARNAP, R. *Meaning and necessity.* Chicago: University of Chicago Press, 1947.

CHAIKA, E. *Language. The social mirror.* Rowley, Mass.: Newbury House Publishers, 1982.

CHOMSKY, N. Review of Skinner's 'Verbal Behavior'. *Language* 35 (1959): 26-58.

CHOMSKY, N. *Aspects of the theory of syntax.* Cambridge, Mass: MIT Press, 1965.

CLAPAREDE, E. *Kinderpsychologie und experimentelle Pädagogik.* (dt. Übersetzung von J. HOFFMANN, 1911).

CLARK, E. What's in a word. On the child's acquisition of semantics in his first language. In T.E. MOORE (Ed.): *Cognitive development and the acquisition of language.* New York: Academic Press, 1972, 65-110.

CLARK, H.H. The primitive nature of children's relational concepts. In J.R. HAYES (Ed.): *Cognition and the development of language.* New York: Wiley, 1970.

CLARK, H.H. & CLARK, E.V. *Psychology and language. An introduction to psycholinguistics.* New York: Harcourt, Brace and Jovanovich, 1977.

CLAUß, G. & EBNER, H. *Grundlagen der Statistik. Für Soziologen, Pädagogen, Psychologen und Mediziner.* (Bd. 1) Frankfurt: Harri Deutsch, 1985.

CRUSE, D.A. A note on the learning of color names. *Journal of Child Language* 4 (1977): 305-311.

DAEHLER, M.W., LONARDO, R. & BUKATKO, D. Matching and equivalence judgements in very young children. *Child Development* 50 (1979): 170-179.

DARWIN, C.H. A biographical sketch of a young infant. *Kosmos* 1 (1877): 367-376.

DONALDSON, M. & BALFOUR, G. Less is more: A study of language comprehension in children. *British Journal of Psychology* 59 (1968): 461-472.

DONALDSON, M. & WALES, P.J. On the acquisition of some relational terms. In J.R. HAYES (Ed.): *Cognition and the development of language*. New York: Wiley, 1970.

DOUGHERTY, J.W.D. Salience and relativity in classification. *American Ethnologist* 5 (1978): 66-80.

EDWARDS, D. Sensory-motor intelligence and semantic relations in early child grammar. *Cognition*, 2 (1974): 395-434.

EHRENFELS, Chr. v. Über Gestaltqualitäten. In WEINHANDL (Ed.): *Gestalthaftes Sehen*. Darmstadt. Wissenschaftliche Buchgesellschaft. 1967. (Original von 1890).

ERREICH, A. & VALIAN, V. Children's internal organisation of locative categories. *Child Development* 50 (1979): 1071-1077.

ERTEL, S. Gestaltpsychologische Denkmodelle für die Struktur der Sprache. In S.ERTEL, L. KEMMLER & M. STADLER (Eds.): *Gestalttheorie in der modernen Psychologie*. Darmstadt: Steinkopff, 1975, 94-107.

FILLMORE, C.J. The case for case. In E.BACH & R. HARMS (Eds.): *Universals of linguistic theory*. New York: Holt, Rinehart and Winston, 1966, 1-90.

FILLMORE, C.J. Frame semantics and the nature of language. In E. HARNAD (Ed.): *Origins and evolution of language and speech*. New York: (Annals of the New York Academy of Sciences, 1976, Vol. 280)

FREGE, G. Über Sinn und Bedeutung. *Zeitschrift für Philosophie und philosophische Kritik* 100(1892): 25-50.

FURTH, H. *The world of grown-ups: children's conception of society*. New York: Elsevier, 1980.

FURTH, H. Young children and social knowlegde. In Th.B. SEILER & W. WANNENMACHER (Eds.): *Concept development and the development of word meaning*. Berlin, 1983.

GALL, L. Die Realisierung des CIELAB-Systems im Eurocolor Atlas. *Farbe und Design* 29/30 (1984): 4-8.

GARNER, H. *The mind's new science. A history of the cognitive revolution*. New York: Basic Books, 1985.

GARNER, W. Aspects of a stimulus: Features, dimensions and configurations. In E. ROSCH & B.B. LLOYD (Eds.): *Cognition and categorization*. Hillsdale, New Jersey: Lawrence Erlbaum Associates, 1978, 99-133.

GARNHAM, A. *Psycholinguistics: Central topics*. London: Methuen, 1985.

GELB, A. & GOLDSTEIN, K. Über Farbennamenamnesie. *Psychologische Forschung* 6 (1925): 127-186.

GENTNER, D. Evidence for the psychological reality of semantic components: The verbs of possession. In D. NORMAN & D. RUMELHART (Eds.): *Explorations in cognition*. San Francisco: Freeman, 1975.

GIBSON, E. *Principles of perceptual learning and development*. New York: Appleton-Century-Crofts, 1969.

GLEASON, H. *An introduction to descriptive linguistics*. New York: Holt, Rinehart and Winston, 1969.

GOLDMEYER, E. *The memory trace: Its formation and its fate*. Hillsdale, New Jersey: Lawrence Erlbaum Associates, 1982.

GOLDSTEIN, K. & SCHEERER, M. Abstract and concrete behavior. *Psychological Monographs* 53 (1941).

GUSS, K. *Gestalttheorie und Fachdidaktik*. Darmstadt: UTB, 1977.

GUILLAUME, P. The first stages of sentence formation in children's speech. In C. FERGUSON & D.SLOBIN (Eds.): *Studies of child language development*. New York: Holt, Rinehart and Winston, 1973. (Original 1927).

HEIDER, E.R. 'Focal' color areas and the development of color names. *Developmental Psychology* 4 (1971): 447-455.

HEIDER, E.R. Universals in color naming and memory. *Journal of Experimental Psychology* 93 (1972): 10-20.

HEIDER, E.R. & OLIVIER, D. The structure of the color space in naming and memory for two languages. *Cognitive Psychology* 3 (1972): 337-354.

HERING, E. *Outlines of the theory of light sense*. (englische Übersetzung von C.M. HURVICH & D. JAMESON, Cambridge, Mass: Harvard University Press, 1964)

HERRMANN, Th. Ganzheitspsychologie und Gestalttheorie. In H. BALMER (Ed.): *Psychologie des 20. Jahrhunderts* (Bd. I). Zürich: Kindler, 1976, 573-658.

HILLERT, D. *Zur mentalen Repräsentation von Wortbedeutungen*. Tübingen: Narr, 1987.

HOLENSTEIN, E. *Sprachliche Universalien. Eine Untersuchung zur Natur des menschlichen Geistes*. Bochum: Brockmeyer, 1985.

HOMA, D., STERLING, S., TREPEL, L. Limitations of exemplar-based generalization and the abstraction of categorical information. *Journal of Experimental Psychology: Human Learning and Memory* 7(1981): 418-439.

HÖRMANN,H. *Einführung in die Psycholinguistik*. Darmstadt: Wissenschaftliche Buchgesellschaft, 1981.

HUNN, E. Toward a perceptual model of folk biological classification. *American Ethnol.* 3 (1976): 508-524.

HÜPPE, A. *Prägnanz. Ein gestalttheoretischer Grundbegriff*. München: Profil, 1984.

ISTOMINA, Z.M. Perception and naming of color in early childhood. *Soviet Psychology and Psychiatry* 1(1963): 37-45.

JOHNSON, E.G. The development of color knowledge in preschool children. *Child Development* 48 (1977): 308-311.

KANISZA, G. Die Erscheinungsweise der Farben. *Handbuch der Psychologie* Bd. I, 1. Halbband, Göttingen 1966, 161-181.

KARPF, R.J., GOSS. A.E. & SMALL, M.Y. Naming, selection and ordering of color (hue) by young children. *Journal of General Psychology* 90 (1974): 297-314.

KATZ, D. *Gestaltpsychologie*. Basel: Schwabe & Co. 1948.

KATZ, J.J. & FODOR, J.A. The structure of a semantic theory. *Language* 39 (1963): 170-210.

KATZ, J.J. Recent issues in semantic theory. *Foundations of Language* 3 (1967): 124-194.

KATZ, J.J. *Semantic theory*. New York: Harper & Row 1972

KAY, P. & McDANIEL, C.K. The linguistic significance of the meanings of basic color terms. *Language* 54(1978) 610-646.

KEMLER, D.G. & SMITH, L. Is there a developmental trend from integrality to separability in perception? *Journal of Experimental Child Psychology* 26 (1978): 498-507.

KEMLER, D.G. Holistic and analytic modes in perceptual and cognitive development. In T. TIGHE & B.E. SHEPP (Eds): *Perception, Cognition and Development: Interactional Analyses*. Hillsdale, New Jersey: Lawrence Erlbaum Associates, 1983, 77-102.

KENDALL, M.G. *Rank correlation methods*. New York: Haffner, 1955.

KOFFKA, K. *Die Grundlagen der psychischen Entwicklung*. Hannover: Zickfeldt, 1966. (Original von 1925).

KOFFKA, K. *Principles of Gestalt psychology*. New York: Harcourt, Brace, 1935.

KÖHLER, W. Nachweis einfacher Strukturfunktionen beim Haushuhn (1918). *Berliner Abhandlungen* (zitiert nach KOFFKA, a.a.O.)

KÖHLER, W. Physical Gestalten. In W.D. ELLIS (Ed.): *A source book of Gestalt psychology*. London: Routledge & Kegan Paul, 1969, 17-55. (Original von 1920).

KÖHLER, W. *Gestalt Psychology*. New York, Liveright 1947.

KÖHLER, W. *Dynamische Zusammenhänge*. Bern, Huber, 1958.

KÖHLER, W. *Die Aufgabe der Gestaltpsychologie*. Berlin: De Gruyter, 1971.

KRECH, D. & CRUTCHFIELD, R. *Grundlagen der Psychologie* Bd. II, 1985. (engl. Original 1958).

KRIPKE, S. Naming and necessity. In D. DAVIDSON & G. HARMAN (Eds.): *Semantics of natural language*. Dordrecht, 1972, 253-355.

KRUSKAL, W.H. & WALLIS, W.A. Use of ranks in one-criterion variance analysis. *Journal of the American Statistical Ass.* 47 (1952): 583-621.

KUCZAJ, S. & GREENBERG, J. Towards a theory of substantive word-meaning acquisition. In S. KUCZAJ (Ed.): *Language development (Vol 1): Syntax and Semantics*. Hillsdale, New Jersey: Lawrence Erlbaum Associates, 1978, 275-297.

KUTSCHERA, F.v *Einführung in die intensionale Semantik*. Berlin, De Gruyter, 1976.

LABOV, W. The boundaries of words and their meaning. In C.J. BAILEY & R.W. SHUY (Eds.): *New ways of analyzing variation in English*. Wahington, D.C.: Georgetown University Press, 1973, 340-373.

LAKOFF, G. Hedges: A study in meaning criteria and the logic of fuzzy concepts. *Journal of Philosophy and Logic* 2 (1973): 236-287.

LANG, A. Vom Nachteil und Nutzen der Gestalttheorie für eine Theorie der psychischen Entwicklung. In K. FOPPA & R. GRONER (Eds.): *Kognitive Strukturen und ihre Entwicklung*. Stuttgart und Bern: Huber, 1981.

LEACH, E. *Anthropological aspects of language. New directions in the study of language*. Cambridge, Mass.: M.I.T. Press, 1964.

LENNEBERG, E. *Biological foundations of language*. New York: Wiley, 1967.

LEOPOLD, W.F. *Speech development of a bilingual child*. Vol. I-IV. Evanston, Ill.: Northwestern University Press, 1939-49.

LINK, G. *Intensionale Semantik*. München: Fink, 1976.

LUTZEIER P. *Linguistische Semantik*. Stuttgart: Metzler, 1985.

LYONS, J. *Semantik. Bd I.* München: Beck, 1980.

MACH, E. *Die Gestalten der Flüssigkeiten.* Symmetrie, 1871 (zitiert nach HERMANN, a.a.O.).

MAERZ, A. & PAUL, M.R. *Dictionary of color*. New York: McGraw-Hill, 1930.

MANSFIELD, P. Semantic organisation in the young child: Evidence for the development of semantic feature systems. *Journal of Experimental Child Psychology* 23 (1977): 57-77.

MARATSOS, M.P. & CHALKLEY, M.A. The internal language of children's syntax: The ontogenesis and representation of syntactic categories. (zitiert nach ROSCH, a.a.O.)

McNEILL, D. Developmental psycholinguistics. In F.SMITH & G.A. MILLER (Eds.): *The genesis of language: A psycholinguistic approach*. Cambridge, Mass: MIT Press, 1966, 15-84.

MEDIN, D.L. & SCHAFFER, M.M. Context theory of classification learning. *Psychological Review* 5 (1978): 207-238.

MEDIN, D.L. & SMITH, E. Concepts and concept formation. *Annual Review of Psychology* 35 (1984): 113-138.

MEILI, R. Gestalttheorie, Piagets Entwicklungstheorie, und Intelligenzstruktur. In H. BALMER (Ed.): *Psychologie des 20. Jahrhunderts* (Bd. VII). Zürich: Kindler, 1978, 530-547.

MEINONG, A. Zur Psychologie der Komplexionen und Relationen. *Zeitschrift für Psychologie* 2 (1891).

MELKMAN, R., TVERSKY, B.A. & BARATZ, D. Developmental trends in the use of perceptual and conceptual attributes in grouping, clustering and retrieval. *Journal of Experimental Child Psychology* 31 (1981): 470-486.

MERVIS, C.B., CATLIN, J. & ROSCH, E. Development of the structure of color categories. *Developmental Psychology* 11 (1975): 54-60.

MERVIS, C.B. & PANI, J.R. Acquisition of basic objects categories. *Cognitive Psychology* 12 (1980): 46-75.

MERVIS, C.B. & ROSCH, E. Categorization of natural objects. *Annual Review of Psychology* 32(1981): 89-115.

MERVIS, C.B. & ROTH, E. The internal structure of basic and non-basic color categories. *Language* 57 (1981): 384-405.

METZGER, W. *Gesetze des Sehens*. Frankfurt, 1975. (Original von 1936).

METZGER, W. *Psychologie*. Darmstadt: Steinkopff, 1975. (Original von 1941).

METZGER, W. Die Entwicklung der Gestaltauffassung in der Zeit der Schulreife. In M. STADLER & H. CRABUS (Eds.): *Gestalt-Psychologie*. Frankfurt: Kramer, 1986 (Original von 1956).

METZGER, W. Die Entdeckung der Prägnanztendenz. In M. STADLER & H. CRABUS (Eds.): *Gestalt-Psychologie*. Frankfurt; Kramer, 1986 (Original von 1975).

METZGER, W. Gestalttheorie im Exil. In H. BALMER (Ed.): *Psychologie des 20. Jahrhunderts* (Bd. I). Zürich, Kindler, 1976, 659-683.

METZ-GÖCKEL, H. Inhaltliche Prägnanzmomente. *Gestalt Theory* 3 (1983): 153-165.

MILLER, G.A. & JOHNSON-LAIRD, P.N, *Language and Perception*. Cambridge, Mass: Belknap, 1976.

MILLER, G.A. The acquisition of word meaning. *Child Development* 49 (1978): 999-1004.

MURPHY, G. & SMITH. E.E. Levels of categorization and object identification. (in Vorbereitung)

NEISSER, U. *Kognition und Wirklichkeit*. Stuttgart, 1979 (engl. Original 1976).

NELSON, K. Concept, word and sentence: Interrelations in acquisition and development. *Psychological Review* 81 (1974): 267-285.

NELSON, K.E. & NELSON, K. Cognitive pendulums and their linguistic realization. In K.E. NELSON: *Children's language* (Vol 1). New York: Gardner, 1978, 223-268.

NICKEL, H. *Entwicklungspsychologie des Kindes und Jugendalters* (Bd. I-III). Bern: Huber, 1976.

ODEN, G. Concept, knowledge and thought. *Annual Review of Psychology* 38 (1987): 203-227.

OERTER, R. & MONTADA, L. *Entwicklungspsychologie*. München: Urban & Schwarzenberg, 1982.

OGDEN, C.K. & RICHARDS, I.A. *The meaning of meaning*. London: Ark, 1985. (Original von 1923).

OLSON, D.R. Language and thought. Aspects of a cognitive theory of language. *Psychological Review* 77 (1970): 254-272.

PALERMO, D.S. Semantics and language acquisition: Some theoretical considerations. In P.T. SMITH & R.N. CAMPBELL (Eds.): *Recent advances in the psychology of language (Sterling Conference)*, 1976, 45-54.

PIAGET, J.*The child's conception of physical causality*. London: Routledge & Kegan Paul, 1970. (franz. Original 1927).

PIAGET, J.*Nachahmung, Spiel und Traum*. Stuttgart: Klett 1969. (franz. Original 1945)

PIAGET, J. Ce qui subsiste de la theorie de la Gestalt dans le psychologie contemporaine de l'intelligence et de la perception. *Revue Suisse de Psychologie* 13 (1954): 72-83.

PIAGET, J. & SZEMINSKA, A. *Die Entwicklung des Zahlbegriffs beim Kinde*. Stuttgart: Klett, 1965. (franz. Original 1941).

PONGRATZ, J. *Problemgeschichte der Psychologie*. München und Bern: Franke, 1967.

POSNER, M. *Cognition. An introduction*. Glenview, Ill.: Scott, Foresman, 1973.

POSNER, M. & KEELE, S. On the genesis of abstract ideas *Journal of Experimental Psychology* 77(1968):353-363.

POSTAL, P.M. Review of elements of general linguistics by Andre Martinet. *Foundations of Language* 2 (1966): 151-186.

PREYER, W. *Die Seele des Kindes*. Leipzig: Barth, 1882.

PUTNAM, H. The analytic and the synthetic. In H. FEIGH & G. MAXWELL (Eds.): *Minnesota Studies in the Philosophy of Science, Vol.3*. Minneapolis: University of Minnesota, 1962.

QUINE, W.O.V. Two dogmas of empiricism. *Philosophical Review* 80 (1951): 20-43.

QUINE, W.O.V. *Word and object*. Cambridge: Cambridge University Press, 1960.

QUINE, W.O.V. *The roots of reference*. La Salle, Ill.: Open court, 1973.

RASKIN, L.A., MAITAL, S. & BORNSTEIN, M.H. Perceptual categorization of color: a life-span study. *Psychological Research* 45 (1983): 135-145.

RAUSCH, F Das Eigenschaftsproblem in der Gestalttheorie der Wahrnehmung. *Handbuch der Psychologie* (Bd. I) 1. Halbband, 1966, 866-946.

RIPS, L., SHOBEN, E. & SMITH, E. Structure and process in semantic memory: A featural model for semantic decisions. *Psychological Review* 81 (1974): 214-241.

ROHRACHER, H. *Einführung in die Psychologie*. München: PVU, 1988. (Original von 1948).

ROSCH, E. On the internal structure of perceptual and semantic categories. In T.E MOORE (Ed.): *Cognitive development and the acquisition of language*. New York: Academic Press, 1973, 111-122.

ROSCH, E. Cognitive representations of semantic categories. *Journal of Experimental Psychology: General* 104 (1975): 192-233.

ROSCH, E. & MERVIS, C. Family resemblances: Studies in the internal structure of categories. *Cognitive Psychology* 7 (1975): 573-605.

ROSCH, E., MERVIS, C.B., GRAY, W., JOHNSON, D. & BOYES-BREAM, P. Basic objects in natural categories. *Cognitive Psychology* 8 (1976): 382-439.

ROSCH, E. & LLOYD, B.B. *Cognition and categorization.* Hillsdale, New Jersey, Lawrence Erlbaum Associates, 1978.

RÖTHIG, P. *Sportwissenschaftliches Lexikon.* Schorndorf: Hoffmann, 1977.

SAPIR, E. The status of linguistics as a science. *Language* 5 (1929): 207-214.

SAUSSURE, F. de. *Cours de linguistique generale.* Paris: Payot, 1916(69).

SCHLESINGER, I.M. Production of utterances and language acquisition. In D.I. SLOBIN (Ed.): *The ontogenesis of grammar: a theoretical symposium.* New York: Academic Press, 1971, 63-101.

SCHMIDT, H. & SYDOW, H. On the development of semantic relations between nouns. In W. DEUTSCH (Ed.): *The child's construction of language.* London: Academic Press, 1981.

SCHMIDT, F. *Zeichen und Wirklichkeit.* Stuttgart: Kohlhammer, 1968.

SEILER, Th.B. & WANNENMACHER, W. (Eds.): *Begriffs- und Wortbedeutungsentwicklung.* Berlin: Springer, 1985.

SEUREN, P.A.M. *Zwischen Sprache und Denken.* Wiesbaden: Athenaion, 1977.

SHEPP, B.E. From perceived similarity to dimensional structure: A new hypothesis about perspective development. In E. ROSCH & B.B. LLOYD (Eds): *Cognition and categorization.* Hillsdale, New Jersey: Lawrence Erlbaum Associates, 1978.

SINCLAIR, H. Sensory-motor action patterns as a condition for the acquisition of syntax. In R.HUXLEY & E.INGRAM (Eds.): *Language acquisition: Models and methods.* New York: Academic Press 1971.

SKINNER, B.F. *Verbal behavior.* New York: Appleton-Century-Crofts, 1957.

SLOBIN, D. Cognitive prerequisites for the acquisition of grammar. In C.A. FERGUSON & D.I. SLOBIN (Eds.): *Studies of child language development*. New York: Holt, Rinehart and Winston, 1973, 175-208.

SMITH, L.B. Importance of the overall similarity of objects for adults' and children's classifications. *Journal of Experimental Psychology: Human Perception and Performance* 7 (1981): 811-821.

SMIRNOW, N.V. Table for estimating the goodness of fit of empirical distribution. *Ann. Math. Stat.* 19(1948) 279-291.

STEFFLRE, V., CASTILLO VALES, V. & MORLEY, L. Language and cognition in Yucatan: A cross-cultural replication. *Journal of Personality and Social Psychology* 4 (1966): 112-115.

STERN, C. & STERN, W. *Die Kindersprache: Eine psychologische und sprachtheoretische Untersuchung*. Leipzig, Barth, 1907.

STERN, C. & STERN, W. Anleitung zur Beobachtung der Sprachentwicklung bei normalen vollsinnigen Kindern. *Zeitschrift für angewandte Psychologie* 2 (1909): 313-337.

SYNOLDS, D.L. & PRONKO, N.H. An exploratory study of color perception of children. *Journal of Genetic Psychology* 74 (1949): 17-21.

SZAGUN, G. *Bedeutungsentwicklung beim Kind. Wie Kinder Wörter entdecken*. München: Urban & Schwarzenberg, 1983.

SZAGUN, G. *Sprachentwicklung beim Kind*. München: Urban & Schwarzenberg, 1986.

THOLEY, P. Gestaltpsychologie. In R. ASANGER & G. WENNINGER (Eds.): *Handwörterbuch der Psychologie*. Weinheim: Beltz, 1983, 178-183.

VALOIS, R.L. de. Behavioral and electrophysiological studies of primate vision. In W.D. NEFF (Ed.): *Contributions to sensory physiology* (Vol 1). New York: Academic Press, 1965.

VALOIS, R.L. de & JACOBS, G.H. Primate color vision. *Science* 162 (1968): 533-540.

VALOIS, R.L. de, ABRAMOV, I. & JACOBS, G.H. Analysis of response patterns of LGN cells. *Journal of the Optical Society of America* 56 (1966): 966-977.

VELHAGEN, K. & BROSCHMANN, D. *Tafeln zur Prüfung des Farbensinnes*. Stuttgart: Thieme, 1985.

VERNON, M.D. *The psychology of perception*. Baltimore: Penguin, 1962.

VILLIERS, J. de & VILLIERS, P. de *Language acquisition*. Cambridge, Mass: Harvard University Press, 1978.

VILLIERS, J. de. The process of rule learning in child speech: A new look. In K.E. NELSON (Ed.): *Children's language* (Vol 2). New York: Gardner, 1980.

WALES, R.J. & CAMPBELL, R. On the development of comparison and the comparison of development. In G.B. FLORES D'ARCAIS & W.J.M. LEVELT (Eds.): *Advances in psycholinguistics*. Amsterdam: North Holland, 1970.

WANDSCHNEIDER, D. *Formale Sprache und Erfahrung. Carnap als Modellfall*. Stuttgart: Frommann, 1975.

WANNER, E. & GLEITMAN, L. (Eds.): *Language acquisition: The state of the art*. Cambridge: Cambridge University Press, 1982.

WEINREICH, U. *Erkundungen zur Theorie der Semantik*. Tübingen: Niemeyer, 1970. (engl. Original 1966).

WERTHEIMER, M. Über das Denken der Naturvölker. *Zeitschrift für Psychologie* 60 (1912): 321-378.

WERTHEIMER, M. Untersuchungen zur Lehre von der Gestalt Reihe I. *Psychologische Forschung* 1 (1922): 47-58.

WERTHEIMER, M. Untersuchungen zur Lehre von der Gestalt Reihe II. *Psychologische Forschung* 2(1923): 301-350.

WHITE, T.G. Naming practices, typicality and underextension in child language. *Journal of Experimental Child Psychology* 33 (1982): 324-346.

WIECZERKOWSKI, W. & ZUR OEVESTE, H. (Eds.) *Lehrbuch der Entwicklungspsychologie* (Bd. I) Düsseldorf: Schwann, 1982.

WITTGENSTEIN, L. *Philosophical investigations*. New York Macmillan, 1953.

WHORF, B.L. *Language, thought, and reality*. Cambridge, Mass: MIT Press, 1956.

WUNDT, W. *Grundriß der Psychologie*. Leipzig: Kröner, 1913.

WYGOTSKI, L.S. *Denken und Sprechen*. Frankfurt: Fischer, 1986. (russ. Original 1934)

ZIMMER, D.E. *So kommt der Mensch zur Sprache*. Zürich, Haffmans, 1986.

ZOLTOBROCKI, J. Die Wirkung von Ganzgesicht und Gesichtsregionen bei Portraits und Karikaturen. *Gestalt Theory* 4(1/2) (1982): 107-132.